U0739058

國音衆祖

浙江省文物考古研究所公共考古与图录 第 46 号

國音承祚

宋 六 陵 考 古 成 果

浙江省文物考古研究所　杭州西湖博物馆总馆　编著

ZHEJIANG UNIVERSITY PRESS
浙江大学出版社
·杭州·

序言一

宋六陵，南宋皇陵遗存，是南宋历史文化的重要象征，宋韵文化的重要标识。

2012 年 11 月 20 日，浙江省文物考古研究所开启宋六陵系统调查工作；2013 年 5 月 3 日，宋六陵被国务院公布为第七批全国重点文物保护单位；2021 年 10 月 12 日，宋六陵遗址被国家文物局列入《大遗址保护利用"十四五"专项规划》；2022 年 6 月 17 日，浙江省人民政府正式批准公布《全国重点文物保护单位宋六陵保护规划》；2022 年 12 月 16 日，宋六陵遗址公园被列入国家文物局第四批国家考古遗址公园立项名单……

2022 年 7 月 15 日，"国音承祚——宋六陵考古成果展"在南宋皇城脚下的杭州西湖博物馆总馆（南宋官窑馆区）开幕，这是宋六陵考古工作首次全面系统的对外展示，是对十年考古成果的阶段性总结，也是浙江省文物考古研究所"宋韵文化传世工程"考古成果系列展推出的第二个标志性项目。这十年，宋六陵考古团队"扎根田野"，行稳致远，进而有为；这十年，宋六陵考古团队"面向社会"，以文赋能，以文化人；这十年，宋六陵考古团队"实事求是"，显微阐幽，彰往察来。而与杭州西湖博物馆总馆（南宋官窑馆区）因"宋韵文化传世工程"的再度牵手，既源于南宋绍兴皇陵和临安皇城两处历史文化地标的渊源，更缘于"活化"文物、对考古成果展"内容"与"形式"的表达，以及擦亮"宋韵文化"名片责无旁贷的使命，彼此间的神会心契。

展览分"祖宗故事""江南无双""陵攒杂用"三个单元，用 159 件 / 套代表性出土文物，呈现十年来宋六陵考古工作不断进取的历程和努力探索取得的研究成果。宋六陵不是单纯的遗迹，它是南宋王朝物质、政治、精神的集中表现，体现着时人与自然的相处关系，包容度很大，信息和知识量丰富。展览揽其概貌，撷取精华；坚持立体揭示的丰富性，既包含人文也包括自然，多角度阐释历史；坚持说清道明的通俗性，用数字化、影像化的手段，让遗迹、遗物活起来。在考古学语境中，辅以直观的图像模型、数字化的建筑复原、三维的整体布局和还原历史的纪录片，有节律、颇具画面感地将宋代的丧葬礼仪与山陵制度、宋六陵的营建与制度演变以及背后的历史事件和故事徐徐展现。站在考古勘探地形模型前，我们"看"到了宝山的那轮太阳在江南"怀抱之地"与一排排磉墩、一块块条石、一个个构件、一件件瓷器的一次次对望；立在建筑复原影像前，我们"听"到了那群考古人透过遗迹、遗物与古人绵长悠远的一场场对话；伫立于《思陵录》纪录片前，我们"触"到了浙东运河一轮轮的生命脉动，满溢着中兴宋室之情怀。

展览给人以代入感的同时，也有很好的研读性；可选择性地研和读，对考古成果展而言尤为重要。非专业观众未必明白考古学方法、五音姓利堪舆理论、攒宫制度，也未必能分辨南宋墓园的建筑类型、构建用途、瓷器的窑系，但通过展览，会探究展览名称"国音承祜"的寓意，会看出择谷地而葬的不符常理，会赞叹建筑构件和瓷器的造型、纹样之优美，会好奇鸱吻与等级的关联，进而思考恪守"祖宗制度"与南渡政权的关系，中原文化对江南文化的影响，南宋美学于当代的契合与观照，等等。历史有着多重视角，我们能让观众从各自的问题不断深入，越了解，离前人附着在物上的时代信息密码就越近，也就与历史传达给观众的启示更近一步，这是多么兴奋而美妙的事啊！

山水有韵，落笔在我们每个人身上。忆往昔，弦歌不绝，往未来，向新而行，当我们再次相遇，便是最美好的重逢。

李晖

浙江省文物考古研究所书记、副所长

序言二

如果文字有颜色，那么记忆中的"宋六陵"三个字无疑是带有悲情色彩的。历史的断裂、人为的摧毁、自然的湮灭，无情地层层叠加其上，让人唏嘘不已。

十年前，浙江省文物考古研究所的工作人员进驻绍兴市东南约18公里的宝山和上皇山之间的谷地时，眼前只有一片茶园。埋葬着宋代七帝七后却被人们称作六陵的这方宝地，地表已然没有任何可资辨识的遗存，除了那几棵老松树。一切都是那么安静。

十年后，考古工作者经过长期辛勤的发掘和细致入微的研究，慢慢拂去了历史尘埃，拨开了重重迷雾。这座江南宋代帝陵，在沉寂了几百年后，终于向世人露出真实面貌的一角。一切都是那么令人期待。

十年，对于久久为功的宋六陵考古来说无疑是漫长的。但对于千年帝陵来说，这是何其短暂而幸运的十年。

承蒙浙江省文物局和浙江省文物考古研究所领导的信任，杭州西湖博物馆总馆受委托合作举办"国音承祚——宋六陵考古成果展"，将这一重大考古成果放在南宋官窑馆区首展。

与兰若寺大墓的横空出世不同，关于宋六陵的文献记载繁冗，常常莫衷一是。考古是正本清源的唯一途径，而要用展览语言把这些严肃的学术问题表达清晰、逻辑自洽，必须沉下心来深入思考并从不同侧面进行观照。虽然已有兰若寺大墓考古展的经验，但要将如此重大题材的考古成果专业而不失水准地呈现，仍然面临很大挑战。

如同南宋皇城遗址，宋六陵遗址保护需要更多科学的技术支撑，策展的过程也是研究的过程。目前宋六陵的考古并不是传统意义上的墓葬发掘，注定不会有惊世宝藏的发现；南宋皇陵制度的演变，是一个颇为复杂且耐人寻味的现象；五音姓利堪舆理论，连不少专家都觉得艰涩；最后，皇陵和皇城之间，是一种怎样的联系与牵绊。

好在我们有勤奋好学的团队，他们跑考古现场寻找遗址信息、进考古库房与出土器物对话、查阅文献进行史料梳理，更重要的是听取考古领队的意见与设想；好在有省文物考古研究所领导及专家们的全力支持，有考古领队李晖达老师的全程指导与参与，有北京大学古建筑考古及数字化复原团队的倾情付出，有绍兴市同行们的无私配合，在保证学术水准的同时，也保证了展览的质感。

2022 年 7 月 15 日，"国音承祚——宋六陵考古成果展" 如期开幕，在业内引起不小的轰动，并破圈在社会上产生很大影响。整整五个月展期，展厅内始终人流不息……

也许很多人是怀着好奇而来，但他们必不会失望而去。

潘沧桑

杭州西湖博物馆总馆馆长

目　录

前　言

靖康之难，宋室南渡。经历初期的颠沛流离，宋高宗于 1131 年在越州下诏改元为绍兴，称将"绍奕世之闳休，兴百年之丕绪"，以重振赵宋王朝。

是年四月，宋哲宗遗孀孟太后病逝，遗令攒葬于绍兴宝山。绍兴十二年（1142），宋金和议达成，已故的宋徽宗等一帝二后灵柩南返，下葬宝山永祐陵。自此绍兴宝山一带，正式成为赵宋皇室新的祖宗陵寝所在。此后又相继有宋高宗等六位南宋皇帝、四位皇后安葬于此，构成了七帝七后的"攒宫"陵园。因南宋六帝之故，后人习称为宋六陵。

北宋帝陵的营建尊奉五音姓利堪舆理论，恪守赵氏所属的角音姓利原则。因赵为国姓，故时人称为国音姓利。南宋沿用了大量的北宋国家制度，其中包括以国音姓利为基础的帝后陵寝制。同时，为强调归葬中原的政治理想，在营建陵寝的过程中，将北宋攒宫与山陵体系结合，创造了南宋皇陵攒宫制度，从而体现其传承北宋国祚的信念。

沧桑巨变，陵园成墟。至 21 世纪初，南宋皇陵早已泯然荒烟蔓草之间。2012 年至今，浙江省文物考古研究所在陵园遗址内组织开展了有计划、有目的、成系统的考古调查、勘探和发掘工作，取得了大量阶段性成果，为宋六陵的保护与展示利用提供了重要的科学依据。本书是对十年来考古成果的回顾与总结。让我们沿着时间的轴线，回溯这片江南无双的皇家陵园，去体会那曾经的庄严肃穆与慷慨激昂。

探寻南宋皇陵

李晖达 | 浙江省文物考古研究所

一、庄严的废墟

绍兴元年（1131）四月，隆祐太后孟氏在越州（今浙江绍兴）去世，结束了流离奔波的后半生。此前的四年，何等的不堪回首——靖康之变、国破家亡，举城宗亲被一扫而空。徽、钦二帝悲悲切切地走上了通往冰天雪地的不归路，李若水慷慨激昂、义无反顾地血洒青城，张邦昌哭哭啼啼、半推半就地披上了龙袍，汴梁城里仿佛又飘荡起当年"儿皇帝"石敬瑭的幽灵。谁能想到，因为35年前那次莫名的废黜，被迫在瑶华宫里空度岁月的孟皇后却由此逃过一劫。所幸，捍卫山河的精神还在，宗泽、李显忠、刘光世、岳飞、张俊、韩世忠等血肉长城还在。在众目睽睽之下，张邦昌终于明白自己不过是大宋朝一名书生宰相，想起了早已淡漠红尘的废皇后，想到了正值青春年少的康王。还政于宋，是一个傀儡政权不得已的选择。

康王的舅舅韦渊带着张邦昌的书信在济南找到了康王。接着孟忠厚又带着孟太后的懿旨，来劝康王称帝。在大义名分的支持下，在象征赵宋龙兴之地的南京应天府（今河南商丘）再次升起了赵宋的大旗，康王成为中兴宋室的高宗皇帝。但是，灾难并没有结束。金兵再度南下，高宗留下宗泽坚守开封，自己则向南一路"巡幸"。扬州、建康、临安、明州、温州，颠沛流离。建炎三年（1129）明受之变后，孟太后更在部分官员的护送下，与高宗分道扬镳，退往江西。

这艰难的一切在建炎四年（1130）迎来了转机。经过高桥、黄天荡等一系列惨烈的战役，金军兵锋也渐成强弩之末，最终渡江北撤，结束了这波疾风骤雨般的追袭。从此，终南宋一朝，金军未能再突破宋军的长江防线。于是，宋高宗在温州登岸，经浙西内地

图 1　宋六陵位置图

辗转到达越州。当孟太后回到越州与高宗再聚首时，她的生命也走到了尽头。绍兴四年（1134），隆祐太后孟氏"遗诰择近地权殡，俟息兵归葬园陵。梓取周身，勿拘旧制，以为他日迁奉之便"[1]。于是，孟后的灵柩被攒殡于越州会稽县上皋村，成为越州宝山下的第一座南宋攒陵。

绍兴五年（1135），宋徽宗于五国城去世。绍兴八年（1138）冬，南北和议初定，绍兴九年（1139）金人遵照和议退还河南境土[2]，并许还徽宗、郑后、邢后梓宫及高宗生母韦妃（显仁皇后）。在此形势下，高宗遣使卜址于洛阳永安军（今河南巩义）北宋祖陵，筹建徽宗永固陵。此后，金朝内部政变，主持和议的完颜昌（挞懒）被杀，绍兴十年（1140）完颜宗弼（兀术）撕毁和约，再度南侵。绍兴十二年（1142），宋金和议达成，两朝以淮河为界，北宋永安祖陵纳入金朝版图，徽宗永固陵遂改卜于越州宝山，并于绍兴十三年（1143）更名永祐陵。此后直至德祐元年（1275），以昭慈攒宫和永祐陵攒宫为基准，宋高宗永思陵、孝宗永阜陵、光宗永崇陵、宁宗永茂陵、理宗永穆陵、度宗永绍陵，在国音姓利风水观的大原则下，渐次营建于此。同时，徽宗显肃郑后、显仁韦后，高宗宪节邢后、宪圣吴后，孝宗成肃谢后，宁宗恭圣仁烈杨后亦祔葬其间，最终形成了陵园密布的南宋皇陵区（图 1）。

1　（元）脱脱等：《宋史》卷一百二十三，中华书局，1985 年，第 2874—2875 页。
2　（宋）徐梦莘：《三朝北盟会编》卷第一百九十二，上海古籍出版社，2019 年，第 1383 页，其中载："金人以东西南三京、寿春府、宿亳单曹州及陕西京西地归于有司。"

南宋德祐二年、元世祖至元十三年（1276）五月，恭帝开城降元。此后，陆秀夫、张世杰、文天祥等先后拥立益王赵昰、卫王赵昺，继续抗元。至元十六年（1279）二月，宋军惨败于厓山，陆秀夫背负赵昺投海，南宋灭亡。

在此期间，为稳定局势，元军一改在南方战场的战略方针，以安抚为主，禁杀降、掳掠，保护历代名人墓葬、寺观庙宇，其中自当包含了绍兴的南宋皇陵。但随着元朝政府逐渐稳定住南方的局势，江南一带的施政方针也发生了一定的变化。杨琏真伽等辈更是在朝廷的纵容之下，对南宋皇城、皇陵及诸勋贵墓葬大肆破坏。[1]

关于杨琏真伽盗陵过程及其后事态进展的记载，愈晚愈详。据周密《癸辛杂识》和陶宗仪《南村辍耕录》等记载，杨琏真伽盗陵当在至元二十二年（1285）前后，分为两次，初盗永茂、永穆、永绍三陵及杨后攒宫，再盗永祐、永思、永阜、永崇四陵及昭慈等六后攒宫。盗掘之后，除理宗头骨被截取制成饮器外，余皆弃置荒野，此后又与牛、马骨相混杂，埋于杭州凤凰山白塔。在早期的记载中，最后守护陵园及收埋帝后遗骨的，仅提及守陵中官罗铣，此后又出现唐珏、林景熙等"冬青义士"的故事，当地遂建起了"郭太尉庙""双义祠"等纪念性建筑。南宋皇陵的名称又被改称为宋六陵，流传至今。

明代建立后，太祖朱元璋遣人于北平寻获理宗顶骨所制饮器，于是根据绍兴府进献的永穆陵图，郑重其事地重修永穆陵，安葬理宗头骨，并刻石立碑以纪其事，碑题为《大明敕葬宋理宗顶骨之碑》[2]（图2）。该碑于"文革"期间被毁，于2006年被重新发现，已断为八块，所幸基本尚可修复完整。该碑分为碑额及碑身两部分，碑额呈圆弧形，居中阴刻篆书"大明敕葬宋理宗顶骨之碑"，两侧线刻双龙图案。碑文为阴刻楷书，因断裂及局部剥落，内容有所残缺，但与传世文本基本相同。[3]据碑文内容，理宗顶骨得于洪武二年（1369），初葬金陵。洪武三年（1370），得宋诸陵图，始修复南宋诸陵，将理宗顶骨安葬于修复后的永穆陵，此碑应立于当年。碑文中明言南宋诸陵于至元二十二年被盗毁，与《元史》所记相差约一两年。

明代的重修是比较简朴的，加上位次的混淆，世人对五音姓利理念和攒宫的概念日渐模糊，虽保存了一定的祭奠仪式，实际上到了晚清民国时期，各陵基本仅存松林里一个墓冢、一块碑、一张供桌而已。此后迭经破坏，绍兴宝山的七帝七后陵园彻底沦为了丘墟。

1　散见于《元史》本纪九·世祖六、本纪十三·世祖十、本纪十六·世祖十三、本纪第十七·世祖十四各篇。

2　碑文见（明）张元忭、徐渭：《万历会稽县志》第十四卷"祠祀之属三曰宋陵曰诸祠庙"，《天一阁藏明代方志选刊续编》28（《万历会稽县志》《嘉靖安吉州志》），上海书店据明万历刻本影印。

3　周燕儿：《绍兴宋六陵出土的明敕葬宋理宗顶骨碑考略》，《东方博物》第三十三辑，浙江大学出版社，2009年，第24—27页。

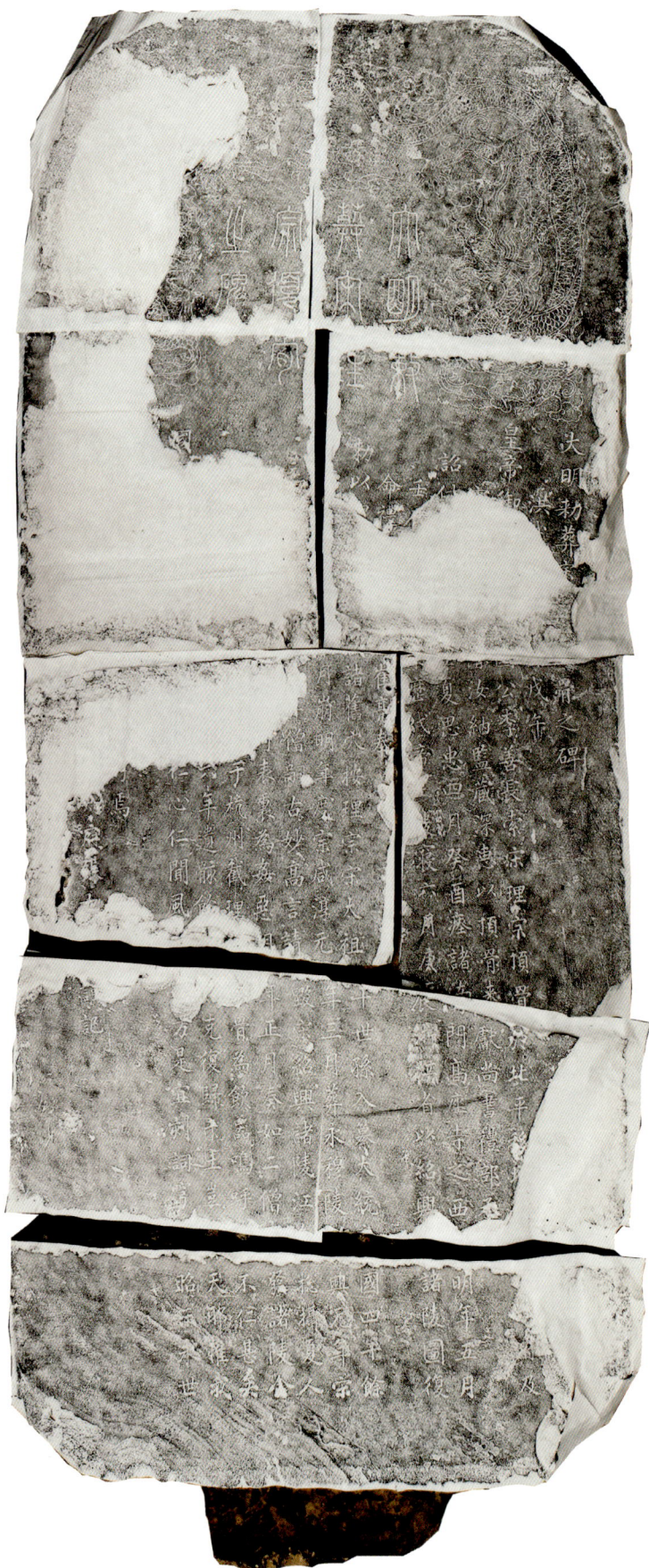

图 2
《大明敕葬宋理宗顶骨之碑》
浙江省绍兴市柯桥区博物馆藏

二、初识宝山

2012年11月20日，郑嘉励、葛国庆和我开始了宋六陵系统调查工作，租住于山谷北侧的茶满山庄。山庄为绍兴师专旧址的一部分，进大门后，迎面有一个鱼塘，里面养着些活鱼、活鸭，周围的草地上散养着羊羔，它们时常会溜达到我们住所楼下。住处是由教学楼改造的旅馆式房间，为节约起见，两人住一间。山庄有高大的围墙，入夜后大门紧闭。彼时无线网络尚不发达，在屋里除了高谈阔论，就是各自闷头读书。而摆在我们面前所谓的"宋六陵"，其实已是一大片山地茶园和几块隐蔽其间的省级文保单位石碑。

最初的工作安排，以地表采集和口碑调查为主，通晓绍兴话的葛国庆老师充当向导加翻译。葛老师多年来专注于宋六陵史事的研究与遗迹的寻访、保护，为我们打开了初识宋六陵的大门。由于当时初涉宋六陵工作，基础知识奇缺，不得不临时抱起了佛脚：宋六陵的营建和毁坏始末、恶名昭著的番僧"江南释教都总统"杨琏真伽、天章寺义士埋帝骨、理宗顶骨还葬六陵，诸如此类，林林总总。可以说，摆在我们眼前的，首先是一连串虚虚实实的历史故事，故事的主题是宋陵的盗毁与重修。而宋六陵的本来面目，在这类信息中是很难得到真实体现的，不突破这些成见，宋六陵考古仍不免有空中楼阁之嫌。

在初步的资料收集中，我开始逐渐了解赵宋的"国音姓利"说，接触了《地理新书》《宋会要辑稿》《中兴礼书》《思陵录》《白沙宋墓》《北宋皇陵》等文献史料。至于《宋史》与《建炎以来系年要录》等史籍，则是两宋300余年史事的基础，其重要性自不待言。而对于关涉甚大的《宋会要》，我甚至一度以"抄书"的方式，仔细阅读了礼制部分的内容。

当然，既然是考古调查，也就不能仅止于读书了。此时的宋六陵属于省级文保单位，共包括南片区的哲宗后陵、高宗陵、孝宗陵、光宗陵、宁宗陵和北片区的徽宗陵、徽宗后陵、高宗后陵、理宗陵、度宗陵等（县级道路平陶公路将遗址分为南北两区，当地习称"南陵区"和"北陵区"），依据明清以来方志材料标定的10个保护区块，宋六陵总面积仅约2.1万平方米。相对于总面积约230万平方米的六陵谷地，其占比是相当微小的。为具体了解宋六陵遗迹的大致分布范围，此后的时间里，只要下下雨，行走在陵区的茶树之间、山冈之上、溪流之畔，也就成了我们白天最常规的工作了。只是，在经历了数百年的破坏与改造后，南宋皇陵的地面遗迹基本已踪迹难寻了。此时的调查，只能是以熟悉整体地理环境为主，地表遗物采集都只能是勉强而为。兹摘录几段调查日记：

3月27日（星期三），晴，有薄雾。下午由潘师傅夫妇指引，与老葛调查六陵遗迹。其一，位于现推测"光宗陵"保护范围内。据悉，80年代初生产队种植茶树时，挖出成排大条石遗迹，所出砖、石构件当年均已弃置于青龙山水库前小河内。此地现为当地农民占用，遍植油菜，花已盛开。其二，今茶满山庄内北侧靠山处，60年代"理宗顶骨碑"遭破坏，现藏绍兴博物馆。原碑亭处现已填平，其后为旧绍兴师专老师宿舍楼，遗迹荡然无存。

3月28日（星期四），晴。上午开始在"光宗陵"范围内进行钻探，探孔自保护区西南角起，逐步往北推进。初步钻探结果，地层深度约在60—120厘米，上层为耕土，其下为瓦砾层，再下似有一淤土层，但分布较不均匀。耕土内包含颇多碎砖块及陶瓷碎片。器物种类大致有青瓷碗（疑有龙泉窑产品）、白瓷碗、建盏、韩瓶、陶碗等。整砖作长方形，窄而薄，极少，多数均为碎块。间有少量瓦当或筒瓦碎片。

偷暇于油菜花田摄影，就照片效果可见陵区范围内水汽甚重，晴天时颇不透亮，远距离拍摄全景照的条件较差。今日浴室燃气热水器及浴霸俱安装完毕，已可安心洗澡。

3月29日（星期五），晴，水汽较重。下午与老葛踏查小青龙山地貌。小青龙山东面地貌遭严重破坏，山地多数被平整，形成一凹形山吞。沿山吞南侧小路上山，遂置身于杂树荒草间。北行少许，西侧即为青龙山水库，前行路绝不通。由小青龙山绝壁处攀援直下，达水库边缘。此行有赖老葛习于山径，以手铲修阶梯，始得善始善终。

这样的调查持续了一年多，至2013年秋天，又根据初步调查的收获，首先选择在已标定的保护区范围内进行局部勘探。其中，在"哲宗后陵"保护区的勘探过程中，首次发现了大范围的建筑基址和一处土坑石椁墓穴遗存（编号为2013M2，图3）。经勘探确认，该墓坑平面应为长方形，南北长约10米，东西宽约8米，打破生土层，四壁砌长方形条石。墓坑东、西、南三面均分布有大面积的夯土迹象，其中东西两侧较窄，南侧较宽，平面大致呈"凸"字形，大致与墓穴上方

图3
宋六陵2013M2遗迹平面复原图

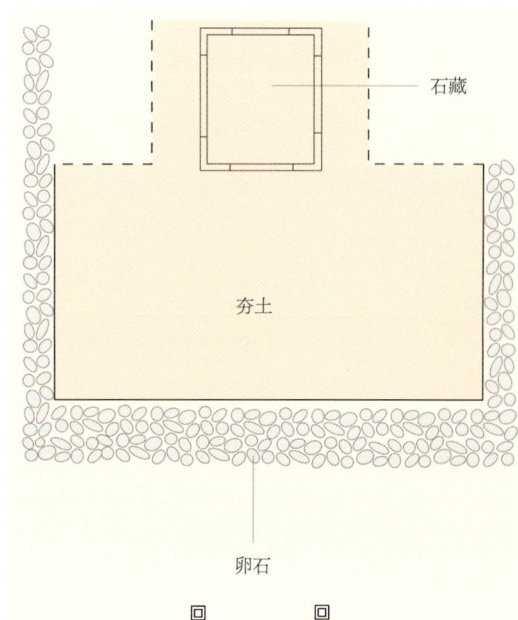

石藏

夯土

卵石

的龟头殿相对应。墓坑南壁向南约 30 米处，发现一对东西相对称的方形石柱础，柱础中心有方形卯孔。两柱础基本对称分布于墓坑中轴线东西两侧，紧贴东侧柱础的东面还保存一段疑似石板路面的残迹。根据遗迹分布位置之间的关系，推测两柱础可能为龟头殿正前方设立的坊门柱础。结合《宋会要》《思陵录》等相关文献判断，该墓穴应为南宋某帝（后）陵的攒宫"石藏子"。

最初的两年里，在葛老师的指引下，我们几乎走遍了宋六陵南陵区、北陵区的每一个角落。在这一过程中，我们既寻访到了许多因遭破坏而散砌在民居、厂房、水坝等建筑上的石构残件、残碑、砖瓦等，又通过勘探发现了几处重要的遗迹。残损的构件显示，当年南宋皇陵的实际面貌，与历来口耳相传的小庙、荒丘、松林的景象当有较大差异，原有建筑的体量与等级应十分可观。同时，几处埋藏地下的遗迹也提醒我们，六陵的遗迹或有部分保存于地下，未来的工作仍有可为。

三、南宋皇陵

2014—2015 年，结束了第一轮的田野调查和勘探工作之后，调查小组继续在宋六陵遗址区内进行了小范围的地表采集和地形测绘工作，开始筹划建设地理信息数据系统。2016 年起，在浙江省文物局专项资金支持下，浙江省文物考古研究所于 2016—2018 年三个年度开展了宋六陵南片区大范围的普探和重点勘探工作，勘探面积达到 35 万平方米。期间，我们测量、采集了大量的地形及遗迹信息，绘制了数字地形图，并建立数字高程模型。同时，运用静态 GPS 在陵区内作控制点，确立首级控制网和二级导线点，建立了覆盖全遗址区的电子探方网格。

（一）"找到牛鼻子"

如此，经过了前后约 5 年的准备后，宋六陵的考古发掘终于在 2018 年 5 月正式启动。而此时，宋六陵已经由省级文物保护单位升格为全国重点文物保护单位，为加强保护管理和展示利用，探明南宋帝后陵园规制，确定现存遗址的具体范围、分布格局的任务就更显迫切了。

发掘的第一个地点，选择了自划定省级文物保护单位以来标定的"高宗陵"保护区，编号为一号陵园。应该说，既有的文献研究成果与标定的保护区名称颇有出入，研究者们之间的争议甚大。选择这片区域发掘，主要是该地块在前期勘探中，地下遗存堆积也较为集中和丰富；加之退耕多年，地面仅有几棵老松树和荆棘荒草，便于大范围开展工作。至于这片区域是否有陵墓以及是否与宋高宗相关，都需要靠工作来说话。

工作伊始，拉开架势，一口气布了 4 个探方合计 400 平方米。5 年的辛勤准备，能

图 4　享殿的磉墩

图 5　享殿与龟头屋檐下转角遗迹

否有些许收获，在此一举了。当时早已入夏，气温颇高，大家都耐着性子不厌其烦地用手铲一遍一遍地刮着地层。被烈日晒得干硬的土地，似在负隅顽抗着。终于，经过了一个多月的辛苦工作后，惊喜还是如愿而至。一个边长约 1.5 米的方形遗迹引起了大家的注意。最初，这个遗迹还只是被作为灰坑保留着。但随着对所谓"灰坑"的开口线进行反复刮面后，发现"坑"内的土质远较四周的黄土坚硬，且坑线非常规整。与此同时，其他工作人员也在遗迹附近发现了类似的"灰坑"。经过几天的同步工作，在同一个地层平面上，类似的遗迹一共发现了 5 个，且大小相近、排列有序。这时候，一个古建筑的名词进入了我们的视野——磉墩（图 4）。当我将这组遗迹的照片和想法通过微信告知郑嘉励老师时，他非常高兴地回复了一句话："找到磉墩，就牵住了宋六陵的牛鼻子！"没错，这是一组宝贵的"牛鼻子"，让我们第一次真正从建筑结构的角度重新认识宋六陵。接下来，其他几个磉墩的发现，也就是顺理成章的事情了。当第 10 个磉墩被发现时，一个面阔三开间、进深两间的厅堂柱网结构就完整地展现在我们眼前了。

在完整揭示这组柱网结构的时候，第二个惊喜也几乎同步出现了。在东北角的磉墩东侧和北侧，同时清理出一条砖铺的狭窄道路。有趣的是，这条小道在磉墩北侧向内（西侧）有个转折，然后继续向北延伸（图 5）。这个小小的折角提示我们，从中轴对称的角度考虑，这组建筑整体可能是南宽北窄的凸字形结构。这样的结构在南宋帝、后陵中，正是每一座陵寝的核心"上宫"的主体建筑——"龟头殿"。而埋葬帝后灵柩的主墓室"石藏子"，就在龟头殿正下方。

如果这些判断都是准确的，那么这样的发现的确太振奋人心了。曾经花费了 5 年时间的辛苦准备，曾经不惜体力地行走在茶垄山间，曾经为选择发掘地点而纠结不已，而

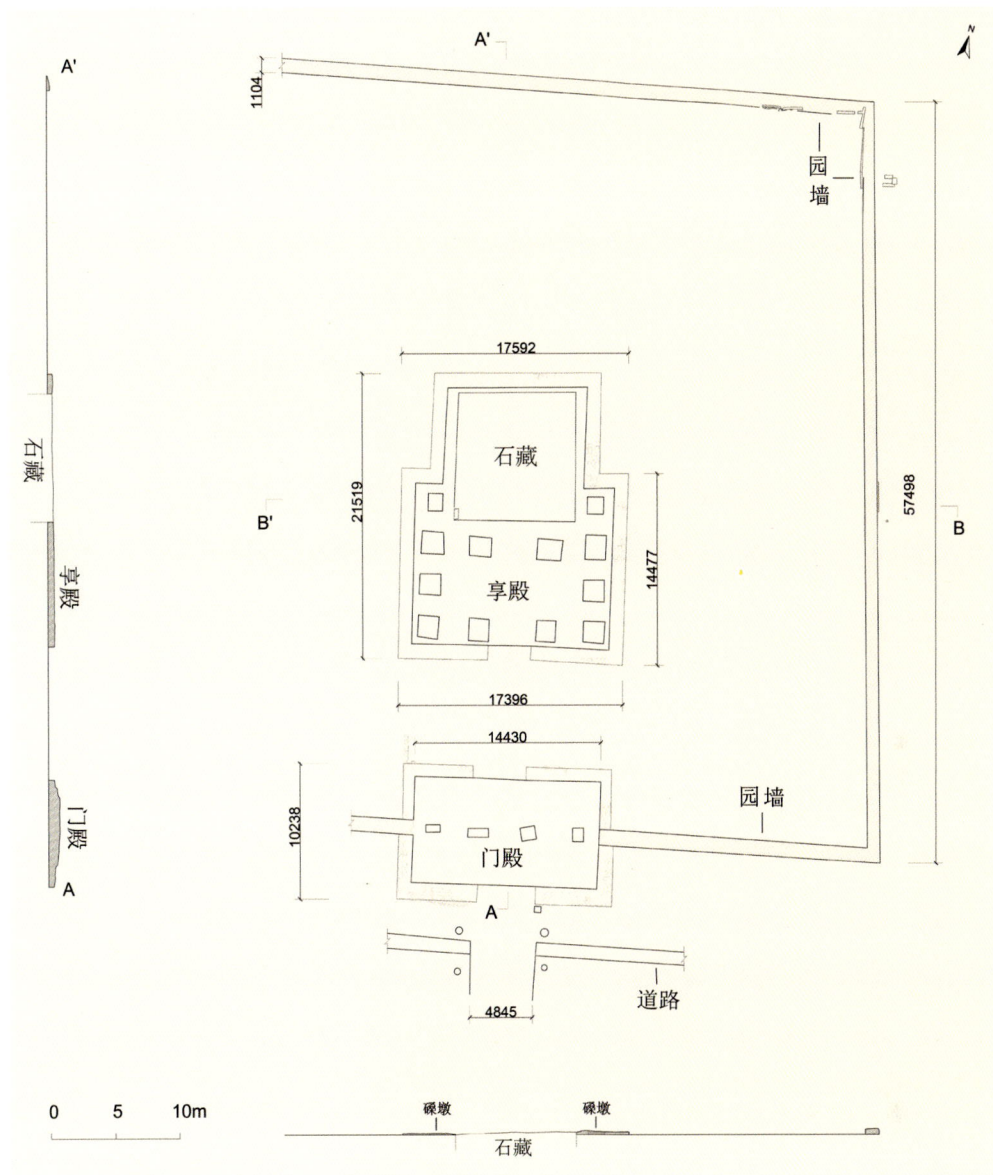

图6　宋六陵一号陵园平面图

如今我们却用短短的一个多月时间，抓到了一连串关键的"牛鼻子"！我们发现的不是一般的建筑，而是南宋帝、后的陵寝，哪怕只是"攒宫"，也必然有它应有的规模。龟头殿有了，那么《宋会要》《思陵录》中记载的门殿、仪门、园墙、神游亭、火窑子，等等，总不会是空中楼阁。机不可失，摆在我们面前的只有一个选择——扩方。

　　一晃又是半年，在这段时间里，龟头殿的整体结构彻底完整了，龟头殿下方的主墓室也基本明确了。只是对于墓室，我们坚持只探明结构、不做发掘的原则，在明确范围和四壁基本结构后即原样保护。同时，陵园的门殿及东、南、北三面园墙，也都基本清楚了。只可惜，西侧围墙基本被现代道路所覆盖，暂未能发掘。如此，一座近乎完整的上宫陵园清晰地展现在我们眼前（图6）。南宋皇陵考古工作的第一步走得扎扎实实。

至于它究竟是谁的陵墓，先不着急。

（二）上宫和下宫的故事

2019年，紧接着在一号陵园的东侧、原标定的"宁宗陵"保护范围内开启了第二期发掘工作。根据考古工作的习惯，将其改称为二号陵园，具体归属待定。二号陵园遗址的西边界，距离一号陵园东边界仅约120米。两者之间还夹着一片小小的保护范围，当时标定为"孝宗陵"保护区（即后来的三号陵园）。考虑到二号陵园地块前期勘探准备比较充分，遗址范围较大，更符合长期工作的需要，因此暂时跳过了狭小的"孝宗陵"保护范围。

凭借一号陵园的工作成果，头脑中有了南宋陵园建筑结构的大致框架，这期的工作就更有底气了。经过近3年的努力，二号陵园展现出来的又是另一番景象：

试想一下，如果时光倒退千年，当一个人来到陵园门前，首先看到的是一个面阔近50米的高大台基。台基由厚重的条石围砌而成（图7），台基之上，是庄重的门殿。走上台阶，穿过殿门，循阶而下，就进入了一个大庭院。庭院的面阔有45米，进深约25米，甬道上铺着会稽山周围一带运来的大石板，地坪上铺砌着绍兴府奉旨烧造的青砖。庭院的两侧是长长的廊庑，廊子不宽但很长，连接着门殿和院子中央的大殿，并一直延伸到后墙。在廊庑的墙根，能看到排水的暗沟（图8）。暗沟用厚实的条石板砌成，穿过墙脚，直通廊外的大水沟。

缓步到大殿前，仔细欣赏这座五开间的殿堂。殿堂的基础还是一个高大的长方形台基。台基的芯子，一如前面的门殿，用掺杂细碎砖瓦的黄土一层层夯起来的、跟千层饼一样吧（完好如初的时候，当然是无缘得见的）。土台之外，再是以厚重的条石和石板围砌成一个深厚的大石台。整个台子最终面阔30米、

图7　宋六陵二号陵园门殿与东庑转角

图8　宋六陵二号陵园庭院排水沟

图 9　宋六陵二号陵园中央大殿全景

进深 22 米，面积颇为可观（图 9）。石台之上，28 根粗壮的柱子拔地而起，支撑起整座殿堂的梁架。每根柱子底下，都有一个坚实无比的磉墩承托着。要是能经历整个施工过程，就能一睹每个磉墩那精巧繁复、不惜工本的做法了。工匠们在夯筑土台子的时候，慢慢留出了 28 个方形的空位，然后在这些空位上用修路的青砖砌了一个四四方方的平面，最大边长接近 1.8 米。工匠们大概没有完全商量好，有的平面横平竖直、本本分分，有的平面四角呈放射状，随性得很。反正这层砖到完工验收的时候，谁也看不到了（图 10）。砖面上再细细地夯一层土，搬来 5 块大条石，压在上面，拼成个大致长方形的模样（图 11），再往上就是最后谁都能看得到的雕龙刻花的石柱础了。28 根大柱子，支撑起了一个五开间的殿堂。中间减去 2 根柱子，使得殿堂的中央更显开阔，也更实用了。当年这里供奉着的，大概就是某位皇帝或皇后的御容吧。

　　走出大殿，往西或者往东，穿过廊庑，就能看见一座面朝庭院的配殿。配殿的台基和主殿一般大，连柱子的粗细都快赶上主殿了。只不过，屋顶的样子有些区别罢了。配殿外的南端，有一座规模蛮大的灶台，四壁砌砖，灶门用两根大条石支撑起来（图12）。这么大的灶，炖个三牲之类的，应该是轻而易举的。殿的北面紧邻一个长方形的池子。廊庑外的大水沟正是一路向北，直通此处。守陵的人，大概把池子当隐蔽的垃圾坑了，龙泉窑的香炉、吉州窑的酒瓶、建窑的茶碗，砸碎的瓷器就往里扔，搞得池底乱糟糟的，水都浑了。

再往周边看看，只剩围墙了，没有传说中的攒殿，皇帝和皇后不葬在这个园子里，这里只是守陵人日常祭拜皇帝、皇后的地方，官府把它称作"下宫"。埋皇帝的那个园子叫作"上宫"，在下宫东南面那片高地上。据说每一个皇帝都有一个上宫、一个下宫，都已经到德祐元年了，北边人叫作至元十二年（1275年），度宗皇帝也埋进来了。掐指算来，这里该有七座上宫和七座这么大的下宫，七位故去的皇后也安葬在附近，何况还有攒宫司这一大帮子守卫呢，难怪密密麻麻到处都是房子……

就这样，一直到2022年夏天，二号陵园的面貌亦渐渐清晰。因为判断二号陵园属于帝陵的下宫，那么寻找与它相配套的上宫就成为下一步工作的重中之重了。再者，陵园的园墙也需要进一步确认。于是从2022年春天起，陵园西、南两个方向同步布设探沟，以期尽快确定目标。短短几个月的时间，先后发现了二号墓、三号陵园

图10　宋六陵二号陵园大殿西北角磉墩

图11　宋六陵二号陵园大殿柱础石基

图12　宋六陵二号陵园大灶

和四号陵园，收获颇为可观。

其中，二号墓（编号宋陵 M2）位于二号陵园门殿外西南侧，规模较此前发现的两座石藏（2013M2 和一号陵园的宋陵 M1）小，且夹于二号陵园和四号陵园之间。据各方面信息初步推断，该墓葬应是衬葬于二号陵园所属帝陵上、下官之间的皇后陵石藏。

三号陵园夹于一号陵园、二号陵园之间，已发现了陵园中央的主墓室及墓室上方的龟头殿、享殿、园墙等主要建筑的局部轮廓，并且还在园墙内东南角位置发现了一处疑似陶构阙楼的遗迹。四号陵园发现了龟头殿和享殿的整体"凸"字形轮廓，以及享殿内部分磉墩的痕迹。这两座陵园虽都只是刚刚揭开的冰山一角，但已显示出与一号陵园极大的相似性。加上两处龟头殿遗迹下方也都发现了石藏墓穴的迹象（编号分别为宋陵 M3、宋陵 M4），且规模与 M1 接近。因此判断三号、四号两座陵园应当分别是两座帝陵的上宫遗址。如此一来，我们对于南宋皇陵的上、下宫结构和各陵之间分布情况的认识，就更进了一步。

（三）走向遗址公园

自 2018 年夏天发现一号陵园的建筑遗迹起，我们即开始筹划如何让发现的这些建筑更加科学地、具象地"站"起来。考古发掘所获得的信息是建筑基址和墓葬的平面、剖面，是大量的墙砖、地砖、墙基石、陛板石、勾栏、望柱、瓦当、兽头等建筑构件，却无法让这些散落一地的构件与失去立柱的磉墩共同承托起曾经庄严的官殿。因此，跨学科的合作势在必行。

这年深秋，北京大学考古文博学院建筑考古团队第一次参与宋六陵田野考古工作。在此之前，前辈建筑学家们根据《宋会要》《思陵录》等重要文献，已经对宋六陵可能的面貌进行了详细研究，提出了各种复原方案。不过，这些都还只是"法式"意义上的宋六陵。我们希望站在这些巨人的肩膀上，用发掘出来的一砖一瓦，慢慢搭建起真实的南宋皇陵。北京大学的这支团队由任课老师和不同年级的研究生、本科生组成，时间和人数受到各自课程的影响而时有变化。但他们的工作热情和对古建筑的热爱，一如我们这些在田野中的考古工作者们。即便在疫情的三年中，他们仍然在炎热的暑假寻找机会加入我们的发掘中来：边发掘、边测绘、边采集信息进行数字化统计，一起围着出现的迹象讨论各种可能（图 13—图 16）。

到 2020 年秋天，当我们交出宋六陵的第一份关于一号陵园的考古发掘简报的初稿时[1]，我们的建筑考古团队也交出了精彩的复原研究成果[2]。经验丰富的黄青岩同学还做

1　浙江省文物考古研究所、绍兴市文物考古研究所：《浙江绍兴宋六陵陵园遗址 2018 年考古发掘简报》，《考古与文物》，2021 年第 1 期。

2　李松阳、马力、徐怡涛、李晖达：《宋六陵一号陵园遗址建筑复原研究》，《考古与文物》，2021 年第 1 期。

图 13　遗迹测绘

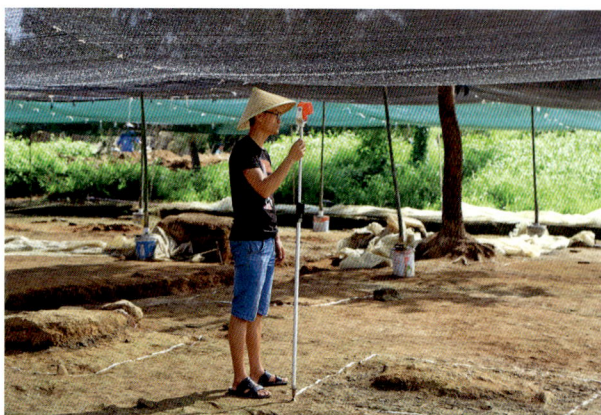

图 14　遗迹测绘

图 15　现场讨论

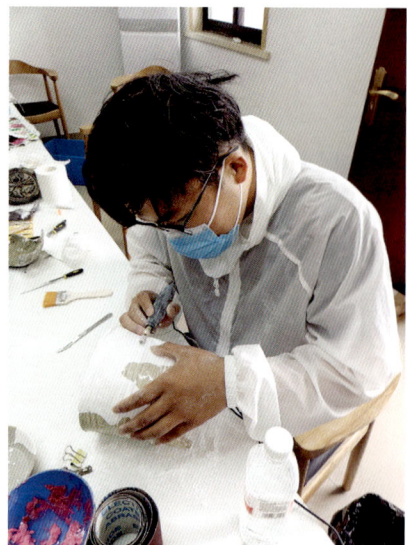

图 16　器物修复

了宋六陵一号陵园建筑的第一份漂亮的复原效果图（图 17）。虽说这些数字化的工作目前还存在不少疑点，但也正是跨出这试验性的一步，才赋予了宋六陵考古工作更丰富的内涵和更现实的意义。

我们的田野工作不再只是用大量的出土文物来印证古人在纸上轻描淡写的一笔，我们不再纠结于陵园里究竟埋的是哪位贵人、南宋皇陵攒宫究竟是简单还是复杂，一切事实就在我们眼前的这片土地里。严格的田野发掘和信息记录，多方位的数字化测量与复原研究，将来或许还会有环境科学、地理信息、植物学、动物学、矿物学等更多学科学者的共同参与，这片以陵墓为核心的宫殿式聚落的面貌，将会以更加科学的方式呈现在观者面前。

2020 年 12 月 22 日，我们在这里建立了第一个稳定的考古工作站——浙东考古基地；2021 年 10 月 12 日，宋六陵遗址被国家文物局列入《大遗址保护利用"十四五"专项规

图 17
宋六陵一号陵园复原效果图
（第二层围墙以内为实际
发掘区）

划》；2022 年 6 月 17 日，浙江省人民政府正式批准公布《全国重点文物保护
单位宋六陵保护规划》；2022 年 12 月 16 日，宋六陵遗址公园被列入国家文
物局第四批国家考古遗址公园立项名单。这一天，距离我们初识宝山宋六陵，
整整过去了十年。

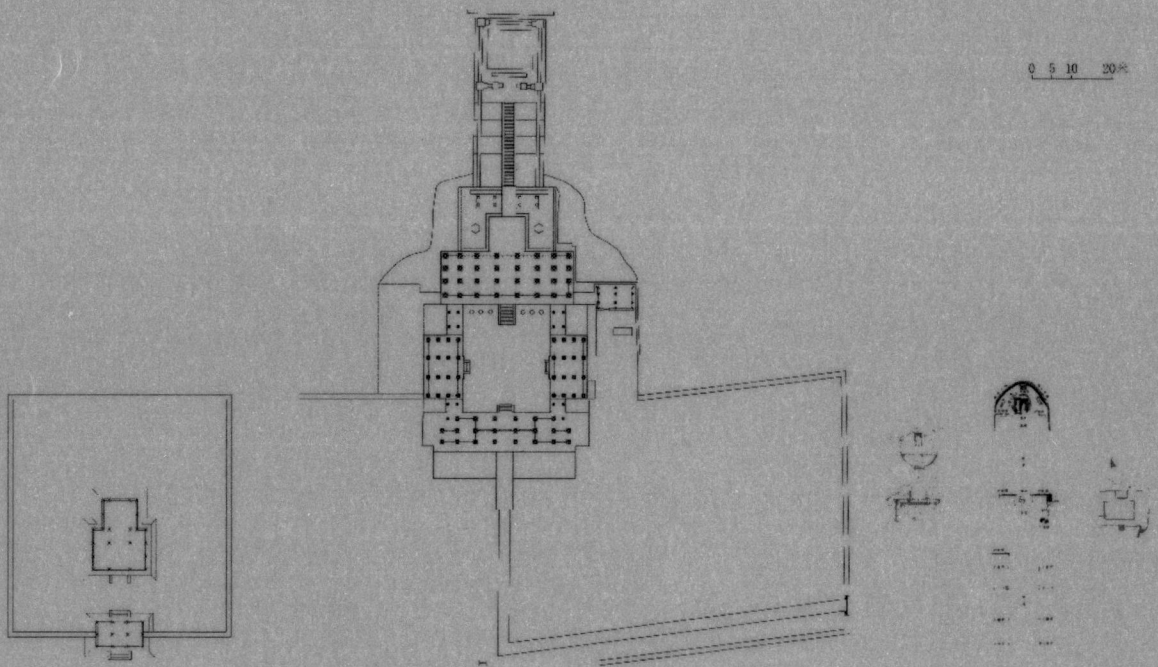

0 5 10 20米

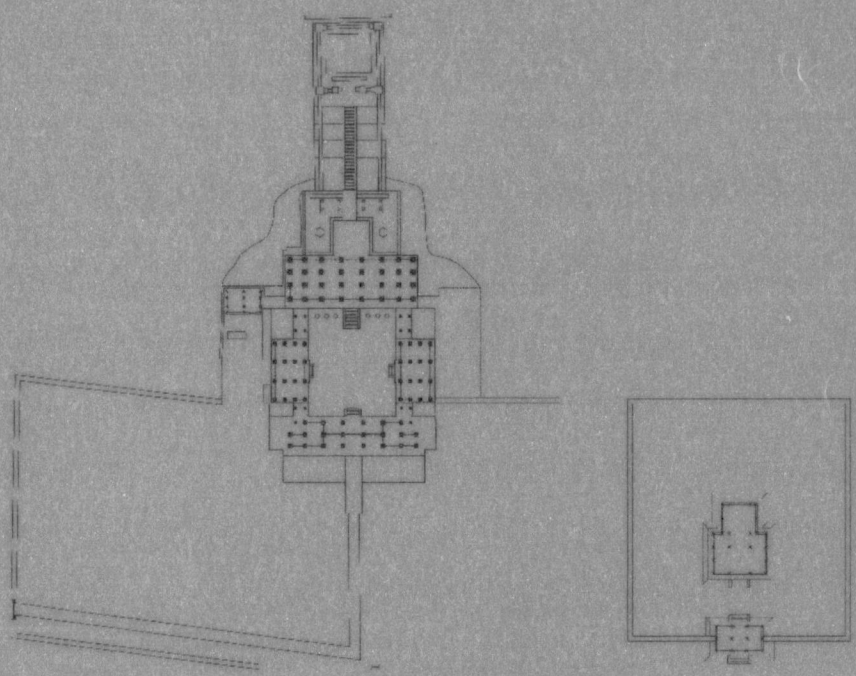

研究篇

浙江南宋墓园的建筑考古学观察

李松阳　徐怡涛[1] | 北京大学考古文博学院

一、研究背景

近 20 年来，浙江省在南宋墓园考古方面取得了丰硕成果。绍兴宋六陵一号陵园的考古发掘工作，首次揭露了一座南宋帝陵上宫的真实面貌；绍兴兰若寺宋墓、金华郑刚中墓、龙游徐季陞墓等一批品官贵戚墓园的陆续发现，也展示出浙江南宋墓园的丰富类型。

浙江南宋墓园的突出特征在于其丰富的地表建筑遗存，包括建筑基址、台地护坡、磉墩柱础、砖瓦石刻等；最为特殊的，还发现了大量陶制仿木构斗栱、门窗构件。随着案例的积累和研究的深入，学界对此类墓园的认识逐渐明晰，可知各类建筑遗存对应的建筑类型，既有实用的木构建筑如门殿、墓祠，也有纯粹装饰性的精致阙楼。[2]以上材料和学术基础为建筑考古学研究创造了有利条件。

建筑考古学研究田野考古发掘获得的建筑类遗迹、遗物，首要目标在于科学复原，进而发挥其史料价值，服务历史研究并指导田野考古发掘。[3]研究过程中需要随时调动中国古代建筑的基本知识及相关的考古学、建筑学、历史学理论与方法，从整体出发，辨识、分析建筑迹象和遗存。近年来，北京大学建筑考古团队参与了较多浙江南宋墓园的考古发掘与研究工作，如绍兴宋六陵一号陵园、兰若寺宋墓等，积累了一定的经验。本文尝试从建筑考古学的角度，对浙江发现的各类南宋墓园，做一番总体性的观察与分析，以期为更加广泛和深入的研究做好铺垫。

1　李松阳，北京大学考古文博学院博士研究生；徐怡涛，北京大学考古文博学院教授。本文系国家社会科学基金重大项目"两宋建筑史料编年研究"（项目编号：19ZDA199）资助成果。
2　浙江省文物考古研究所：《浙江宋墓》，科学出版社，2009 年。
3　徐怡涛：《试论作为建筑遗产保护学术根基的建筑考古学》，《建筑遗产》，2018 年第 2 期，第 1—6 页。

二、墓园建筑梳理

（一）宋六陵一号陵园

宋六陵遗址位于今浙江省绍兴市越城区富盛镇雾连山南麓，作为一代皇陵历来备受关注，文献记载亦十分丰富。但由于破坏严重和考古工作的失位，相关研究长期停滞在文献层面。2018 年宋六陵考古工作正式启动，首先发掘的一号陵园遗址清理出了丰富的建筑遗存，[1] 并被认为是一座帝陵上宫。[2] 此后，二号陵园的考古发掘工作亦收获颇丰，清理出大型建筑基址及众多建筑构件。两座陵园遗址的发掘为宋六陵研究提供了新的契机。

一号陵园遗址清理出享殿、门殿、围墙等建筑遗迹。门殿台基为长方形，居中发现一排四个柱础坑。享殿后部接抱厦，平面呈"凸"字形，与《思陵录》所记永思陵上宫"龟头屋"的平面形制相同；经过考古勘探，抱厦地面以下发现有大量石条，整体呈方形，当为安放棺椁的石藏子。围墙仅西段未完全揭露，已经清理出的东南、东北两拐角无角阙、墙墩等建筑设施。陵园发掘范围内出土的建筑构件包括筒瓦、板瓦、鸱吻、火珠、迦陵频伽等，大多残损，纹饰、工艺与浙江其他遗址出土的南宋建筑构件相近，总体质量无明显区别。

为了保证建筑复原的科学性，一号陵园遗址开展了全面而精细的数字测绘记录，包括三维激光扫描、无人机低空摄影测量、全景照片等，积累了充足的发掘现场信息。再结合《思陵录》《中兴礼书》《营造法式》等史料文献，一号陵园的建筑复原工作得以顺利开展。

研究表明，一号陵园主体建筑包括门殿、享殿、围墙三个部分，围墙内较为空旷，无其他附属建筑。复原营造尺值 320mm。根据营造尺折算建筑平面，与《思陵录》所记永思陵上宫建筑基本一致。参考永思陵和《营造法式》，复原一号陵园门殿面阔三间进深四椽，八等材四铺作单昂斗栱；享殿面阔三间进深六椽，抱厦面阔三间进深两间。建筑屋顶均为单檐歇山顶，用鸱吻。围墙单边长平均值 175 尺，平面范围接近方形。根据陵位布局研究，一号陵园为孝宗永阜陵上宫的可能性较大（见《探寻南宋皇陵》一文，图 17）。

（二）绍兴兰若寺墓园

该墓园位于绍兴市柯桥区平水镇东部山谷，墓室中虽发现墓志残片，但因破损严重

1　浙江省文物考古研究所、绍兴市文物考古研究所：《浙江绍兴宋六陵陵园遗址 2018 年考古发掘简报》，《考古与文物》，2021 年第 1 期，第 85—93 页。

2　李松阳、马力、徐怡涛、李晖达：《宋六陵一号陵园遗址建筑复原研究》，《考古与文物》，2021 年第 1 期，第 140—152 页。

图1
兰若寺墓园复原效果图

无法确定墓主身份和年代，根据遗迹、遗物初步推测为南宋中晚期。兰若寺墓园由三级台地组成，主体建筑自下而上分别为神道、墓祠、拜台、封土，总高差约24米。墓祠位于第二级台地，由中轴线上的大殿、门殿、配殿组成一四合院落，东侧有小型的附属院落（图1）。

兰若寺墓园大殿台基为长方形平面，根据磉墩布局，可知为面阔七间、进深三间、满堂柱。大殿后有凸出的月台，月台范围内未发现磉墩遗迹，应为露天放置。门殿磉墩为三排、八列，东北角磉墩向内收，经解剖，该磉墩埋深较浅，推测门殿可能主体为面阔五间，进深两间，东西两侧各有一间挟屋。东西配殿面阔进深均为三间。大殿、配殿、门殿之间均有廊庑遗迹，可以绕天井形成檐下通路。月台所在院落较为宽敞，居中为石板神道，与拜台衔接处残留柱顶石，推测原有牌坊。

拜台居中为踏步，两侧为经过平整的五级小台地，上行至封土区域，高差约15米，坡度36%。封土四周存在阙楼残基，四角各一，前部可能还有两座，共计6座，经墙体相连后形成一方形围合空间。围墙内部为封土，封土地表不隆起，顺应地势用石条围成方形区域，内部铺砌一层方砖，方砖上铺砌乱石。封土与围墙之间，为环行的香糕砖路面。阙楼周围出土有大量陶制仿木建筑构件，残块数量约2万，形制与湖州风车口南宋墓、金华郑刚中墓出土构件以及《营造法式》所载相似。通过整理拼对，分拣出斗栱、柱、格子门、栏杆等几大类。[1]

1　李松阳、徐怡涛、罗汝鹏：《浙江绍兴兰若寺宋墓仿木斗栱构件复原初步研究》，《故宫博物院院刊》，2022年第7期，第28—47、139页。

兰若寺墓园建筑虽然规模宏大，但存在压低等级的现象。例如，大殿南侧柱心距台基边缘仅 2 米，出檐甚短；结合柱网尺度计算，大殿仅用六等材；目前已知最大尺寸的筒瓦，长约 9 寸，广约 4 寸 5 分，按《营造法式》"瓦作"所载的筒瓦等级，仅合"散屋"使用，自此以下却仍有 8 等规格；屋顶饰件包括迦陵嫔伽、火珠、兽头等，数量较大，但未发现任何鸱吻残件。[1]

（三）品官墓园

1. 衢州龙游徐季陞墓园[2]

根据出土墓志，该墓主人为徐季陞，具体官品不详，仅知曾中舍选；生卒年不详，简报根据墓志中出现的其他人名考证，墓葬年代约在北宋晚期或南宋早期。

该墓西北—东南朝向，地表遗迹虽遭破坏，但格局基本清晰。墓园包含两级台地，可分为墓祠和封土两大建筑单元，中间以踏步连接，封土所在位置稍高，高差约 1.5 米。墓祠地基前半部缺失，后半部磉墩、地坪、散水、排水沟等遗迹清晰，经踏步来至墓园封土部分，封土周围包括围墙、环墉、环道、拜坛、挡土墙等，布置精致。

根据墓祠后半部柱础，可知墓祠面阔三间，通面阔 8.22 米，进深一间，4.8 米。该墓祠出檐亦十分短小，山面自柱心至围墙，后檐自柱心至排水沟，距离都为 1 米左右，推测屋顶式样应为小型单檐歇山或悬山顶。简报未公布任何瓦件等建筑构件，因此暂时难以对屋顶形象做进一步复原。

该墓祠前部区域无存，墓祠总体布局缺少确凿证据。但从墓祠外围铺地情况来看，山面散水、排水沟以外即为围墙，格局紧凑，地坪狭小，推测墓祠前应无厢房、配殿，至于墓祠前部是否有墓门建筑，目前难下判断。

2. 宁波余姚汪大猷墓园[3]

汪大猷墓位于宁波余姚大隐镇章山行政村，墓园规模宏大，整体坐西朝东。墓园沿山坡修建，自下而上由神道、墓祠、坡道、封土等几大部分组成。

汪大猷墓在 20 世纪六七十年代遭到较大破坏，正式考古发掘前，神道尚存少量石刻，包括石羊、石虎、翁仲等，但均已挪位。[4]2009 年的考古发掘工作对该墓进行了全面揭露。发掘结果显示，神道长约 30 米，宽约 8 米。神道直通墓祠，墓祠铺地仅存后部少

1　王一臻、李松阳、罗汝鹏、徐怡涛：《绍兴兰若寺墓园遗址建筑复原研究》，《他是谁：探秘兰若寺大墓》，浙江人民美术出版社，2022 年。
2　龙游县博物馆：《龙游高仙塘两座宋墓发掘简报》，《东方博物》第五十一辑，中国书店，2014 年，第 22—30 页。
3　罗鹏、黄懿：《浙江余姚大隐南宋汪大猷墓发掘报告》，《南方文物》，2011 年第 9 期，第 44、57—64、199。
4　杨古城：《南宋石雕》，宁波出版社，2006 年，第 63—64 页。

许，坡道地表遭到破坏，但延展宽阔，走势陡峭，高度差约 20 米。封土周围设施较多，环壕与拜坛相接，环壕为半圆形，立面铺砌卵石，拜坛为长方形，封土所在地坪高于拜坛，居于环壕中部，封土外围有须弥座。

墓祠破坏较为严重，仅发现东北角柱础石即散水。台基地坪东西约 15.8 米，南北约 19.4 米，台基外围有石砌护坡。根据东北角柱础、散水尺度，按对称原则，推测该墓祠通面阔为 13.66 米，面阔三开间的可能性较大。根据台基范围，该墓祠也仅为一单体建筑，墓祠前即为神道，无配殿、门殿等附属建筑。

3. 丽水云和正屏山墓园 [1]

据该墓出土墓志，可知墓葬年代为淳祐八年（1248）。墓园坐西朝东，规模宏大，保存较为完整。墓园共包含三级渐升台地，主体建筑沿中轴线布置，自下而上为三瓣蝉翅、墓祠、台阶、封土。墓祠地坪由卵石砌成，面积较大，墓祠后有小型月台，但与封土所在台地之间无直接通路，而需要从墓园外围的卵石路上行。封土部分由围墙、环道、环壕、拜坛、须弥座组成。

该墓园的墓祠整体并不位于中轴线上，向左偏移约 1 米，这一现象值得注意，笔者认为系由后期改筑所致。据现有发掘简报信息可提炼出三条证据：第一，墓祠所在台地有较多柱础石分布，图版五八中，墓祠卵石散水右上角有一柱础石，在测绘图中未予画出；而测绘图中地坪右侧 1 米处，有文字标注的柱顶石，照片中没有出现；落至图中，可以看出该台地的柱础实际分布不甚规整。第二，根据报告可知，该墓发掘、采集到的柱础共有 5 种样式，造型、尺度不一，有方有圆。第三，考古揭露出来的墓园面貌，大面积铺设卵石，但卵石叠压了封土须弥座、打破了坟坛砖铺地面，可知卵石系墓园破坏后的修筑做法（图 2、图 3）。

综上可以推测，墓园在遭到破坏后经过了大范围重修，破坏时间当为南宋以后，重修时间无法确知。墓祠部分与中轴线的偏离，可能是受到了原有建筑的影响，卵石散水内部的瓦砾堆积，可能系宋代墓祠倒塌后的集中填埋。

报告认为墓祠为五开间，周匝游廊，然而据前述分析，卵石散水外围的柱础并未完整周匝，排布也非规整，甚至不同期；卵石散水前部左右伸出两道卵石矮墙，也提示着前后分隔。因此笔者认为，该墓祠主体应当仍为面阔三间，外围的零散柱础当用于小亭，或临时添造的附属设施，并不构成严格意义上的五开间。该墓祠所在平台两侧地势高起，平台空间已基本为墓祠占满，因此该墓祠仅为一单体建筑。

推断宋代墓祠的地坪边界，可从排水管道寻找线索。根据图 4，卵石散水左上角打断了倾斜走向的圆筒形排水沟。此圆筒形明沟还发现于封土前台阶的垂带石之下，此处

---

1 浙江省文物考古研究所：《浙江宋墓》，科学出版社，2009 年，第 131—153 页。

图 2 卵石叠压须弥座　　　　　图 3 卵石打破坟坛砖铺地　　　　　图 4 卵石散水打断排水沟

当为宋代墓园原构。结合两处圆筒形排水沟的埋藏痕迹，可知其为地表不可见的排水暗沟，由此也可以说明，宋代墓祠的左边界，当从目前地表的卵石散水内缩。此时可以估算出宋代墓祠通面阔约 9 米。

三、墓园建筑的比较观察

（一）南宋皇陵

南宋皇陵在建造之初仅备临时安葬，待日后归葬中原的巩义皇陵，因此其陵园建设有意简化并降低建筑等级，整体风格较为简朴。另外，南宋皇陵的陵园布局未遵循北宋皇陵旧制，对各项建制进行整合、裁并后，形成了一种新的面貌。结合一号陵园的考古发掘成果，笔者从建筑考古的角度注意到以下两个问题。

首先是南宋皇陵对北宋皇陵的继承性问题。南宋皇陵区的选址原则与北宋皇陵相同，仍然是择东南高、西北低之地形，以符合"五音姓利"说中"赵"姓的角音利向。[1] 关于这一选址的考虑在文献中记载确凿，结合近年的考古迹象，就单体墓园来说，一号陵园因破坏严重，门殿与享殿的地基遗迹已经十分浅薄，二者之间无明显高差，园内地势总体较为平坦。新近发掘的二号陵园中，两座大殿之间的高差十分明显，前殿高于后殿至少 1.3 米，与文献记载相符。

陵园布局方面，一号陵园呈现出较多的方形元素，这一现象值得关注。文献中关于南宋帝后陵园的记载均为平面方形，考古发掘的一号陵园亦整体呈方形，园墙长度折合营造尺，基本符合帝陵上宫的"方三十五步"建制[2]。陵园建筑中，享殿连同龟头屋的平面，虽组合成"凸"字形，但若拆开来看，各自的平面都接近正方形。另外根据考古勘探与测绘，一号陵园的石藏范围基本呈方形，且位于陵园正中，根据复原平面，园墙对角线刚好相

1　秦大树：《宋元明考古》，文物出版社，2004 年，第 133 页。
2　刘未：《宋代皇陵布局与五音姓利说》，《浙江大学艺术与考古研究》第 3 辑，浙江大学出版社，2018 年，第 165—190 页。

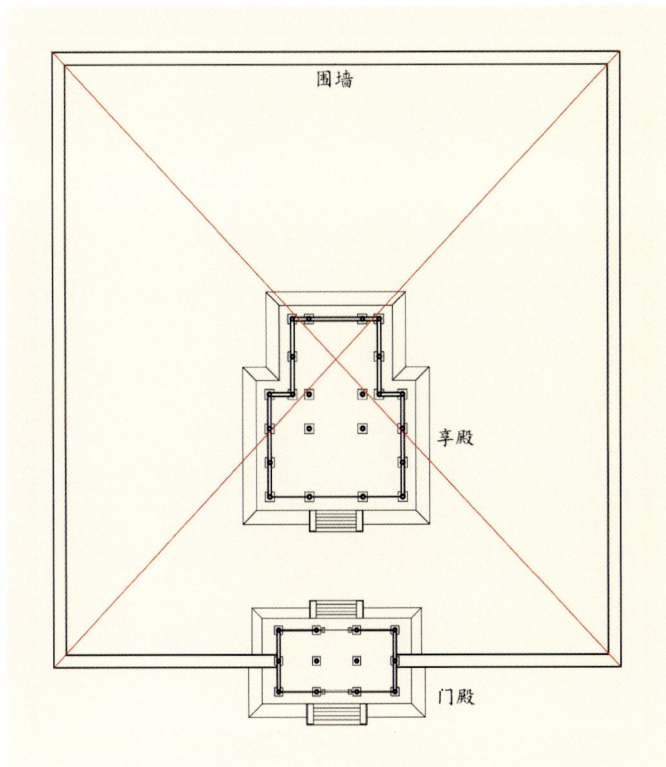

图 5
宋六陵一号陵石藏居中示意图

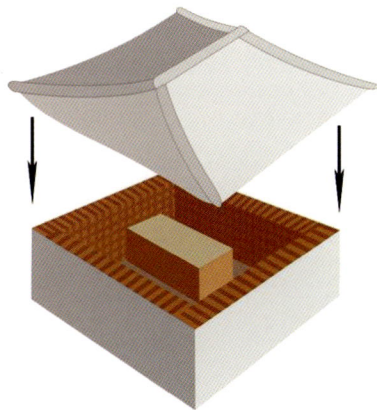

图 6
唐《通典》中攒宫示意图（李晖达制图）

交于石藏中心位置（图 5）。这种方形居中的设计特点，一定程度上可能来自唐代、北宋帝陵传统，[1] 说明南宋皇陵即便简省，但仍然秉持了"崇尚方形"的中原帝陵设计理念。

其次，关于享殿、龟头屋这一组合建筑的设计理念，尚缺少专门探讨，笔者认为可以从宋代帝陵丧服制度中寻找线索。李晖达先生的研究认为，南宋皇陵名曰"攒宫"，实际上对应了儒家丧礼中的"攒殡"环节。[2] 攒殡为临时停灵，北宋帝、后去世后均有此制，时间或长或短，并伴有祭拜活动，待选定吉日后启殡，然后安葬，宋代文献称之为"掩攒""启攒"。关于北宋攒宫的具体形制，记载阙如，唐代《通典》记载了唐代皇帝去世后的攒宫形制，即周身题凑，顶部覆以四阿屋顶，并称此类屋形攒宫可上溯至周代（图 6）。[3] 北宋皇帝丧仪大体沿袭唐代，[4] 攒宫的具体形制当与唐代相去不远，即以题凑为身，顶覆屋盖。

南宋皇陵的陵园规划基于日后归葬中原之想法，建筑形式意在体现攒殡环节。故将题凑式攒宫拆解，梓宫入土即以石藏代替题凑，屋盖放大为实用建筑，即抱厦部分，然后在抱厦前修建献殿，用于举行祭祀活动，从而形成了"凸"字形平面的组合建筑。一号陵园龟头屋部分缺少柱础，推测柱础由地下石藏的石条代替。从攒宫的角度来看，北宋题凑贴附梓宫周身而

1　徐苹芳：《唐宋墓葬中的"明器神煞"与"墓仪"制度——读〈大汉原陵秘葬经〉札记》，《考古》，1963 年第 2 期，第 99 页。

2　李晖达：《五音姓利、攒宫与南宋帝陵》，待刊。

3　（唐）杜佑《通典》卷八十五："周制，殡于西阶之上。天子柏椁以端，方尺，长六尺，题凑四注，合上如屋，尽涂之。……（引）大唐元陵仪注，既大敛，内所由执龙輴右左綍，引梓宫就西间。……先以绣黼覆梓宫，又张帟三重，更以柏木，方尺，长六尺，题凑为四阿屋，以白泥四面涂之。攒事讫，所司设灵幄于攒宫东，东向，施几案服御如常仪。"中华书局，2007 年，第 2307 页。

4　王美华：《唐宋礼制研究》，东北师范大学 2004 年博士学位论文，第 180 页。

设，一号陵园龟头屋立于石藏边缘，或许也是一种紧贴梓宫的体现。

（二）品官墓园

通过对浙江南宋品官墓园的复原分析，此类墓园具有一定的共性特征，且明显区别于帝陵。首先，品官墓园的平面布局均为纵长形布局，沿山地修建多级台地，而圆形的环堤、须弥座、封土也体现了南方本地葬俗。其次，品官墓园的墓祠建筑较为简单，均为面阔三间，通面阔8米—9米的单体房屋，而非合院式布局；用材较小，出檐较短；屋顶为单檐歇山或悬山，使用筒瓦，屋脊用兽头。再次，在建筑装饰方面，品官墓园普遍出土花纹砖，题材包括花卉、狮子等，施用于须弥座、墙脚等处，高等级官员墓园常见的仿木构阙楼，主体构件都为陶制，加工精致的门窗格眼，斗栱出跳以及完整的屋顶形象，使整个墓园都显得华丽，富有审美情趣，而此类装饰性构件在帝陵中基本无存。

前述三座品官墓园标尺案例中，徐季陞、汪大猷籍贯均为浙江本地，云和正屏山墓志铭虽然残缺，但"携幼护榇□旋故□经营丘……礼宏规懿范宗党□敬婿"等语，出现了归葬、宗党等意项，说明墓主人的籍贯应当亦在云和县境。浙江地区的其他宋代纪年墓葬，如衢州龙游寺底袁M31（大观三年，1109）、金华郑刚中墓（绍兴二十六年，1156）、金华武义徐谓礼墓（宝祐二年，1254）等，虽然墓祠无存，但封土部分大多保存较好，基本建制与标尺案例较为一致。综上可以判断，浙江南宋品官墓园建筑传统当主要来自浙江本地，并且长时间延续，而从考古类型学的角度来说，超出这一基本格局的墓园类型尚未发现。

兰若寺墓园较为特殊。在墓园建筑方面，占地面积大，建筑开间多，院落式墓祠等做法都体现出其等级之高，数量庞大的阙楼构件和精美石刻也体现了用工之巨；但纵长形、多台地、神道—墓祠—台阶—封土（须弥座、拜坛、阙楼、围墙、环道）的总体布局方式以及屋顶不用鸱吻等做法，却与其他品官墓园相一致。另外值得注意的是兰若寺墓园的封土做法（图7）。不同于品官墓园常见的、高高隆起的馒首形坟堆，兰若寺封土至地表不隆起，用石条标识方

图7
兰若寺墓封土俯视图

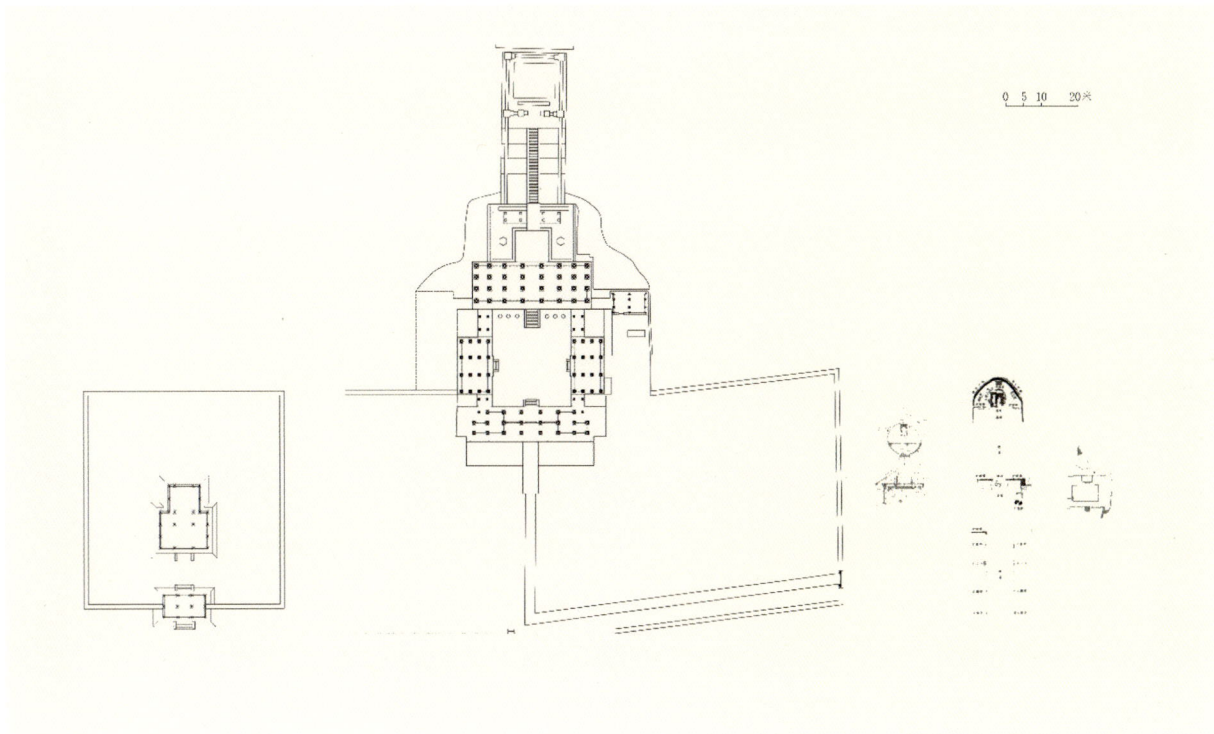

图 8
墓园面积等比对比图（自左
至右：宋六陵一号陵园、兰
若寺墓园、徐季陞墓园、汪
大猷墓园、云和正屏山墓园）

形区域，然后平铺方砖和乱石，相似的考古实例目前尚未发现，文献记载中的南宋帝陵石藏形制却与之颇为相似。[1] 综合以上信息，大致可以勾勒出兰若寺墓园的设计理念，即以品官墓园建制为基础，扩展总体规模，扩大建筑体量，提升精美程度，并加入某些特殊的高等级元素（图 8）。而据此也可以推断出，墓葬主人当非一般品官，可能为身份特殊的皇室成员。

四、余论

通过建筑考古学分析可以看出，浙江南宋帝陵与品官墓园呈现出两种不同的建筑传统。皇帝陵园自成一家，虽形制有所创新，但仍然秉承了一定的中原传统，例如对"五音姓利"说的遵从和对方形元素的崇尚。而享殿加龟头屋的建筑形式，可能也是对北宋帝后葬礼中"攒殡"环节的摘择与放大。

1　陈仲篪：《宋永思陵平面及石藏子之初步研究》，《中国营造学社汇刊》第 6 卷第 3 期。

品官墓葬的设计与建造历来受到官方监护[1]，前述案例中，郑刚中、汪大猷均曾出任三品要职，兰若寺宋墓之规模远超品官，其建设更有可能由官方督造。此类高等级墓园也暗示着浙江本地葬俗受到了官方的吸纳和推广。2019年发掘的衢州赵鼎墓，作为迁居东南的北方官员，赵鼎位极人臣，其墓园建制与此类本土墓园几无二致，可见这一进程开始之早与程度之深。

南宋帝陵与品官墓园在建筑方面的两种营造传统，反映了南宋陵墓制度相较于北宋，有着更为复杂、曲折的制度安排。一方面源于收复疆土的政治需要，南宋皇陵在秉承中原传统的基础上采取贬抑态度，建筑风格较为庄重、简朴；另一方面又必须面对南方本土政治势力的日益崛起，源于浙江本土葬俗的墓园，依托浙江官员日益提升的政治势力得到推广，并且建筑趋于华丽、精致。但品官墓园仍然受到一定的等级管控，不得使用鸱吻即为显例，体现了森严的制度界限。

关于南宋时期人口南迁引发的政治博弈和文化适应问题，目前已有较多学者予以研究，切入点一般包括家族、科举、婚姻等，丧葬方面的讨论相对较少，且主要关注的是坟庵、功德寺等葬俗背后的儒学实践和经济问题。[2]浙江南宋墓园的一系列考古发现，从建筑实物的角度丰富了前述历史学议题的研究史料，对于探讨宋代丧葬礼俗、匠作营造、艺术审美等问题亦具有重要意义。

---

1 （元）脱脱等：《宋史》卷一百二十四，礼二十七，凶礼三："又按《会要》：勋戚大臣薨卒，多命诏葬，遣中使监护，官给其费，以表一时之恩。凡凶仪皆有买道、方相、引魂车、香、盖、纸钱、鹅毛、影舆、锦绣虚车、大舆、铭旌；仪棺，行幕，各一；挽歌十六。其明器、床帐、衣舆、结彩床皆不定数。坟所有石羊虎、望柱各二，三品以上加石人二人。入坟有当圹、当野、祖思、祖明、地轴、十二时神、志石、券石、铁券各一。殡前一日对灵柩，及至坟所下事时，皆设敕祭，监葬官行礼。熙宁初，又著新式，颁于有司。"中华书局，2019年，第2910页。

2 相关研究可参见吴松弟：《北方移民与南宋社会变迁》，文津出版社，1993年；黄宽重：《宋代的家族与社会》，国家图书馆出版社，2009年；黄敏枝：《宋代的功德坟寺》，《宋史研究集》第20辑，台北编译馆，1990年，第257—326页；杨逸：《情理之辨——论宋代家礼中的墓祭》，《中国文化研究》，2020年第2期，第15—26页。

宋六陵遗址出土瓷器之窑口、年代及功用的初步考察

方忆 | 杭州西湖博物馆总馆

绍兴元年（1131）四月，哲宗昭慈圣献皇后孟氏病逝，"以遗诰择近地权殡，俟息兵归葬园陵，梓取周身，勿拘旧制，以为他日迁奉之便"[1]。此时，立国之初的南宋朝廷国力尚弱，但为中兴大业，也为有朝一日能重返中原故里，遂以盛行中原的"五音姓利"堪舆术在绍兴宝山选址，以攒宫之制安葬孟后，由此开启了南宋皇陵"陵攒杂用"制度的先河。直至德祐元年（1275）正月，宋度宗安葬于永绍陵，这144年间七帝七后的陵园规模及营造虽比北宋帝陵俭约了许多，但实质上确是南宋王朝正式的帝王陵寝之所在。

蒙元征服江南之后，蕃僧杨琏真伽等人出于"压胜"，也为了泯灭南宋政权的合法性，公然盗挖毁陵，使得宋六陵遭到毁灭性的破坏，沦为废墟。[2]之后，又经过数百年的沧桑变迁，宋六陵早已湮没于荒烟蔓草之间。

近十年的考古发掘，就遗址出土的瓷器标本而言，虽然出土量不在少数，但总体品相参差不齐，几乎都为残损件，大部分还有待修复。目前，宋六陵的考古发掘仅仅为阶段性成果，尚未全面揭示陵区的全貌。因此，所发现之瓷器标本尚无法反映宋六陵遗址出土瓷器的全面状况，只能作一个侧面的展示。本文仅以发现的瓷器标本，做一些整理爬梳，并阐述个人的初步看法。每件瓷器的具体情况及分析，可参见本书的"展示篇"。

1　（元）脱脱等：《宋史》卷一二三·志第七十六·礼二十六，《宋史（简体本）》第43册，中华书局，2010年，第1938页。

2　据周密在《癸辛杂记》中记载，杨琏真伽的两次盗墓时间均发生在至元二十二年（1285），但曾有人提出异议，认为当在至元十五年（1278）。见绍兴政协文史委员会：《宋六陵古今》，郑嘉励执笔的《南宋六陵的考古与研究》，中国文史出版社，2020年，第229页。

一、瓷器标本的窑口认识

宋六陵遗址已发现的瓷器有青瓷、白瓷、青白瓷、黑釉瓷、彩绘瓷等，涉及窑口有龙泉窑、景德镇窑、吉州窑以及其他一些宋元时期东南地区的民窑产品。其中龙泉窑产品是大宗，几乎占据瓷器部分的 70%。以下简单概述各窑口瓷器的基本状况。

青瓷可分为高品质产品及普通产品。比较精美的高品质产品主要为瓶类和香炉类，基本都是龙泉窑典型的品类，釉色以粉青和青绿色为主。有创新的凤耳瓶、仿青铜器复古造型的螭龙双耳带六边形环青瓷瓶等，以及各类仿古青铜礼器造型的香炉。其中香炉数量较多、造型丰富且品质较好，为同时期龙泉窑中的高级品，如鼎式炉、鬲式炉、樽式炉等；樽式炉有弦纹樽式炉和八卦纹樽式炉两类。最大宗的产品为碗类，基本为敞口、深腹、矮圈足，大多数碗釉色呈青黄色，有的釉中还呈现出乳浊感，品质一般，略显粗糙，有的带有篦划纹和划花纹，其中既有龙泉窑产品，也有一些窑口不太明确的。此外，还出土有龙泉窑青瓷高足杯，其中一件高足杯带有金丝开片。较为可惜的是，一些胎釉品质尚可的标本残损严重，不过根据残件的细部特征仍可推测其原来的器形及窑口，比如有两件断裂的龙泉窑管状青瓷残件，圆口中通，一侧无釉，为断裂处，推测或为长颈圆腹类的贯耳瓶（参见第190页，"龙泉窑青瓷贯耳瓶耳部残件"）。

白瓷基本为浙江地区的民窑产品，较为粗糙。此次展出的白瓷主要造型为直筒形弦纹樽式炉花盆，体形较高，造型规整，有三个简化兽蹄足，釉色发黄，底部有圆形孔洞，施釉不均匀，而且釉色明显白中带青，弦纹凸起处青色积釉，胎体也相对较粗（参见第196页，"白釉弦纹樽式炉花盆［修复］"）。其器物造型及胎、釉状况与湖州凡石桥遗址出土的被认定为天目窑的青白釉奁式花盆（图1）极为相似。

青白瓷为景德镇湖田窑产品，胎体薄，轻巧，修胎精细。两只碗均为芒口，其中一件芒口碗，口沿刮釉较多。两碗芒口处均无镶扣痕迹。此外，还发现一小片白瓷印花芒口碗残片，可见梅花图案，似景德镇窑仿定窑的白瓷产品。

黑釉瓷为仿建窑黑釉盏造型，黑釉中带有红褐色，胎色较白，釉不及底，可能也是浙江地区的民窑产品。（参见第202页"黑釉盏［修复］"）。

图1
天目窑青白釉奁式花盆
浙江省湖州凡石桥遗址出土
浙江省湖州市文物保护管理所藏

图 2　龙泉窑青釉莲瓣纹锔钉碗
浙江省杭州德寿宫遗址出土
浙江省杭州市文物考古研究所藏

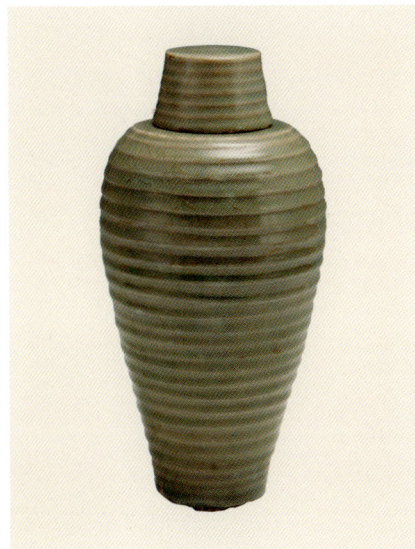

图 3　龙泉窑青瓷弦纹梅瓶
浙江省松阳县西屏镇水南横山村南宋庆元
元年（1195）墓出土
浙江省松阳县博物馆藏

图 4　龙泉窑青瓷菊花鼓钉纹三足炉
浙江省丽水南宋嘉定壬午年（1222）李屋
之妻姜氏墓出土
浙江省丽水市博物馆藏

唯一一件彩绘瓷为吉州窑釉下彩绘瓷的典型器——褐彩白花莲花荷叶纹梅瓶残件。体形大，器形规整，描绘细腻，构图饱满，工艺精湛，也是吉州窑同类产品中的翘楚之作（参见第 205 页，"吉州窑褐彩白花莲花纹梅瓶残件"）。

二、瓷器标本的年代考察

通过对出土之各窑口瓷器标本的梳理，再比对同时期其他遗址出土的陶瓷器，可以得知这批瓷器的时代基本集中在南宋中晚期至元代，个别器物出土于陵区范围内的后期墓葬，时代或可到明。其中最具代表性的就是一批高品质的南宋中晚期的龙泉窑白胎厚釉青瓷，通过对这批龙泉窑青瓷年代的考察，或可引发我们的一些思考。

横向对比就会发现，目前杭州临安城遗址考古资料显示，出土瓷器以龙泉窑青瓷最多，时代以南宋中晚期特别是南宋晚期最多，而且以白胎青瓷为主。[1] 其中当然包括已经发掘的几处南宋时期与宫廷活动密切相关的遗址，如恭圣仁烈皇后宅遗址、德寿宫遗址（图 2）。可见，当时南宋中晚期的这批灰白胎且品质较高的龙泉窑厚釉青瓷，已成为宫廷用瓷的主流，龙泉也成为宫廷用瓷最大的供应地。[2]

而这一时间节点，恰恰与龙泉窑厚釉产品的发展且走向成熟的时间相吻合。从龙泉窑的纪年青瓷资料来分析，在 13 世纪前后，大约从 1195 年至 1222 年是龙泉窑厚釉青瓷的发展时期，[3] 其标志性出土品为浙江省松阳县西屏镇水南横山村南宋庆元元年（1195）墓出土的龙泉窑青瓷弦纹梅瓶（图 3）和浙江省丽水南宋嘉定壬午年（1222）李屋妻姜氏墓出土的 6 件龙泉窑青瓷（图 4）。龙泉窑的厚釉青瓷是指以粉青釉和青绿色的梅子青釉为代表的产品，

1　杭州市文物考古研究所唐俊杰研究员于 2022 年 7 月 29 日在浙江省博物馆作了题为"临安城出土龙泉窑青瓷及其相关问题"的讲座，其中特别如是总结。
2　王光尧、沈琼华：《天下龙泉：龙泉青瓷与全球化》，故宫博物院、浙江省博物馆、丽水市人民政府编：《天下龙泉：龙泉青瓷与全球化国际学术研讨会论文集》，文物出版社，2021 年，第 2 页。
3　冯泽洲：《龙泉窑分期研究——以纪年瓷为中心》，复旦大学 2014 年硕士学位论文，第 53 页。

这是一种高黏度的石灰碱釉青瓷。自 13 世纪上半叶中期之后，龙泉窑的厚釉产品在总产量中的比重日益上升[1]，成为高品质青瓷的代表。龙泉窑所产厚釉产品不仅是宫廷中的日常用瓷，也成为畅销产品，拥有广阔的消费市场，一些南宋中晚期的窖藏遗迹或墓葬中都有龙泉窑厚釉青瓷出土[2]（图 5）。所以，宋六陵遗址出土的这批南宋中晚期龙泉窑白胎高品质青瓷占据了出土瓷器的主导地位，也是符合这一市场规律和宫廷审美品位及需求的。

图 5
龙泉窑青瓷鬲式炉
浙江省德清乾元砻糠山南宋
咸淳四年（1268）吴奥墓出土

三、瓷器标本的功用考察

目前出土之瓷器标本基本发现于二号陵园遗址的下宫区域。下宫之说最早见于《礼记·文王世子》："诸子诸孙，守下宫下室。"郑玄注："下宫，亲庙也。"帝王陵寝的上宫、下宫制度在唐代得以确立。当时既有举行"上陵"朝拜祭祀礼用的"上宫"，即献殿（寝殿）；又有进行日常供奉的"下宫"，即寝宫。[3]

宋代的帝王陵寝沿用唐代的上宫、下宫制度。据文献记载，上宫、下宫的主体大殿所承担的礼仪功能是有所区分的。以北宋的"上陵之礼"为例，"上陵礼"是在献殿（寝殿）和寝宫分别举行致奠之礼，而在上宫献殿举行的仪式比在下宫寝宫举行的仪式要隆重得多，在献殿使用"太牢"（牛、羊、豕三牲）或"少牢"（羊、豕二牲）作为祭品，此外还另加"珍馐庶品"，并设奠；在下宫仅备"珍馐庶品"，且仪式简单。[4]另据杨宽引用的《政和五礼新仪》卷十"奉告诸陵上宫"和"奉告诸陵下宫"，在重要节日之时，献殿设神御座于当中，南面向，陈香案与供奉之物于座前，前一日还要清扫大殿；而寝宫则是"设神御座南向，陈供奉之物于座前"，无香案。寝宫因日常就在使用且清扫，则无需于重要节日前再刻意清扫。由此可知，上宫的献殿是在重要的节日及特别的祭奠礼仪场合才使用，下宫则主要是日常供奉墓主灵魂、饮食起居的处所，也

---

1 冯泽洲：《龙泉窑分期研究——以纪年瓷为中心》，复旦大学 2014 年硕士学位论文，第 52 页。
2 如被推测在 1236 年前后的四川遂宁窖藏出土的龙泉窑青瓷，1268 年的浙江省德清乾元砻糠山吴奥墓出土的龙泉窑青瓷鬲式炉、青瓷长颈瓶。
3 杨宽：《中国古代陵寝制度史研究》，上海古籍出版社，1985 年，第 51 页。
4 （元）脱脱等：《宋史》卷一二三·志第七十六·礼二十六"上陵之礼"，景德三年（1006）宋真宗将朝诸陵，《宋史（简体本）》第 43 册，中华书局，2010 年，第 1942—1943 页。

图 6
南宋《五百罗汉图》"罗汉供"
中的 "三供"
日本京都大德寺藏

是守陵宫人的住处、陵使的官署。[1]而谒陵的帝王或官员们在进入陵区后也是在下宫休憩，并为祭奠仪式进行相关准备。

至南宋，宋六陵虽实行攒宫制，但其依旧是实质上的皇陵，在礼仪制度上延续北宋的旧制。根据周必大《思陵录》的记载，永思陵的上宫建筑有"棂星门""殿门""献殿""龟头"，下宫的建筑主要有"棂星门""殿门""前殿""后殿"等，还有附设的"神厨""神游亭""库室""换衣厅"。[2]虽然目前宋六陵二号陵园的墓主人尚无明确定论，但永思陵上宫与下宫的建筑物命名或可为各处建筑所承担的功能作一提示，再结合前文所述对北宋帝陵上宫、下宫大殿的职能划分，这些都为我们进一步考察宋六陵二号陵园遗址下宫出土的瓷器功用提供了重要参考。

由于上宫的献殿和下宫的寝宫承担着不同的礼仪功能，所以两处使用的祭器、礼器以及二者的搭配、陈设、方位布局也有所不同。祭器与礼器是既有区别也有联系的两个不同概念。祭器的使用既不同于普通的日常生活用器，又不同于随葬的明器，它是礼器的一种，有其神圣性。[3]因此其往往用于更重要的礼仪场合，在材质上也有更多的规范和要求。如陶质祭器有"器用陶匏，以象天地之性"的郊祀特性[4]；再比如《宋会要辑稿》中记载了宋孝宗掩攒之日于上宫献殿举行祭奠礼的过程，其中明确写道："有司于梓宫前陈设祭器。"[5]可见，祭器是在特定的时空中才会出场的礼器，它与日常生活处于一种隔离状态，这也是保持其神圣性的前提条件。因此，笔者以为一般情况下，宋六陵二号陵园遗址下宫出土的瓷器中不可能有祭器。

本次出土的一批南宋中晚期的龙泉窑白胎青瓷颇引人注目，尤其是瓶类和炉类器。从下宫的建筑功能来看，有些瓶、炉应可组成"一炉二瓶"的供养形式，即"三供"。这是宋元时期最为常见的供养配置组合，不仅宋画中有直接描绘（图6），从一些出土器物的组合配置甚至铭文中也可见到。如元代早期

1　杨宽：《中国古代陵寝制度史研究》，上海古籍出版社，1985年，第58、59、61页。
2　（宋）周必大撰：《思陵录》（下），选自《庐陵周益国文忠公集》一百七十二，第9—10页。
3　朱广宇：《论中国古代礼器与祭器发展中艺术设计思想的转变》，《艺术百家》，2006年第6期。
4　（汉）郑玄注，（唐）孔颖达疏：《礼记正义》卷二十六，"郊祀特性"第十一。
5　（清）徐松辑：《宋会要辑稿》礼三〇"历代大行丧礼"，孝宗，中华书局，1957年影印本，第1123页。

的鲜于枢墓中就出土过龙泉窑青瓷的一炉二瓶[1]，2018 年杭州出土过一件兴福寺元延祐六年（1319）款的铭文铜香炉，其上明确铸刻供器为"铜香炉花瓶一副并座"[2]。由此，宋六陵二号陵园遗址下宫出土的部分龙泉窑青瓷瓶、炉，应是日常供奉墓主人的供养礼器。而一部分尺寸和体量相对较小的香炉则可能是下宫中日常使用的焚香用具。

二号陵园遗址下宫出土的几件白瓷樽式炉花盆，使我们得见守护皇陵的普通中下级官员的生活情趣。这些花盆胎体烧成温度较低，似乎也不那么紧致，有着良好的透气性，原来应有相应配套的盆托（图 7），如此才完整。[3] 此外，二号陵园遗址下宫生活区发现的一批宋元交替之时的粗制碗、盘及黑釉茶盏也透露出陵园日常生活的烟火气。至于该区域发现的一批元代瓷器则有可能为后来者祭拜使用之物。如南宋末元初周密就在《癸辛杂记》中记载过宋六陵被盗毁后，罗陵使（铣）"买棺制衣收敛"，即将被杨琏真伽毁弃的遗骸旧葬原地，而稍后也出现过唐义士、林义士瘗骨兰亭或东嘉的说法。[4] 其中有的或是传闻，但后人尤其是南宋遗民祭奠先皇之举也在常理之中。这批后期的瓷器也有可能属于宋六陵原来的地面建筑被后期挪为他用时、后人所使用的日常器皿。如宋六陵遗址出土的"九功寺塔砖"虽为明代之物，但也是后人修复或利用宋六陵地面遗存的一个例证。

宋六陵遗址的发掘工作仍在持续进行当中。关于出土瓷器的考察尚较为初步，更多的问题将等待进一步的出土信息才能予以解答。例如部分瓷器的窑口来源，还需要更多的比对和排序资料的佐证；器物的功用仍需进一步结合各个出土地点的各类信息，等等。其中还有一个令很多人关注的话题：宋六陵究竟会不会有南宋官窑瓷器出土，这是目前尚无法回答的问题。至少目前经过正式

1　张玉兰：《杭州市发现元代鲜于枢墓》，《文物》，1990 年第 9 期。

2　俞珊瑛：《杭州兴福寺元延祐六年铭仿古铜炉研究》，《东方博物》第七十四辑，中国书店，2020 年。

3　浙江省博物馆、浙江省文物考古研究所、湖州市文物保护管理所编：《最忆是江南：湖州凡石桥遗址出土文物》，文物出版社，2020 年，第 37 页。

4　见绍兴政协文史委员会：《宋六陵古今》，郑嘉励执笔的《南宋六陵的考古与研究》，中国文史出版社，2020 年，第 230 页。

考古发掘出土的宋六陵遗址瓷器标本中尚未见到南宋官窑瓷的身影。不管将来是否有南宋官窑器出土，今后尚需要结合官窑的生产目的和器物的功用去作进一步考察。

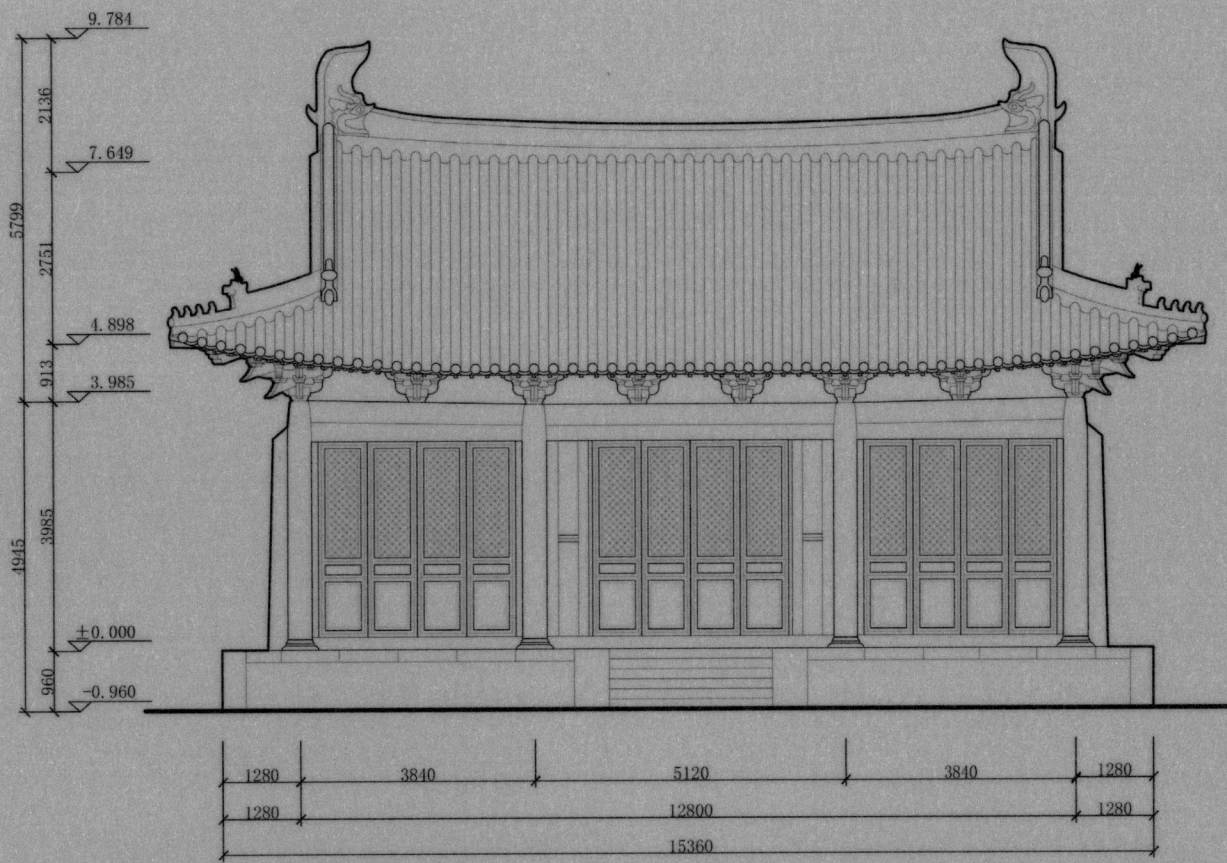

9.784

2136

7.649

5799

2751

4.898

913

3.985

4945

3985

±0.000

960

−0.960

1280   3840   5120   3840   1280
1280   12800   1280
15360

0   1   2   3米

9.784

7.619

4.898

3.985

0 1 2 3米

策展篇

岁月磨洗之后的恒久感怀

——"国音承祚：宋六陵考古成果展"策展手记

张必萱　周舒宁 | 杭州西湖博物馆总馆

2022 年炎热的夏季，我们站在位于绍兴市越城区富盛镇宝山的宋六陵考古发掘现场。在群山环绕且开阔的山谷地带，广袤的茶园于阵阵松涛下显得葱葱郁郁，像是在诉说着历史的波澜兴衰，面对眼前发掘面积达数千平方米的宋六陵二号陵园遗址，我们有一种与过去无限接近的感觉（图 1）。

时间拉回到 2021 年初夏，为筹备兰若寺大墓展的部分展品，我们从绍兴柯桥区平水镇驱车 5 公里，第一次来到浙江省文物考古研究所的浙东考古基地，这个基地正是为宋六陵考古项目而设立的。梅雨季节空气湿润，对面的宝山在雾气的缭绕下仙气缥缈。以后，我们总是想起宋六陵考古领队李晖达老师说过的那句话："宋六陵在雨天或者刚刚下过雨的时候最好看。"

在浙东考古基地的库房中，我们首次观摩了宋六陵遗址出土的大量各类瓦作、石作建筑构件，还有精美的瓷器碎片。经过考古工作者十年系统、科学的考古勘探、发掘工作，地表调查范围覆盖了宝山谷地约 230 平方米，其中南陵区重点勘探面积达到 35 万平方米。最主要的收获有：2013 年在原标定"哲宗后陵"保护范围内正式发现一处皇堂石藏墓穴遗迹（编号 2013M2）；2018 年在原标定"高宗陵"保护区（一号陵园）的发掘中基本揭示了某帝陵上

图 1
宝山下茂密的茶园

图 2-1　博物馆工作人员在浙东考古基地

图 2-2　宋六陵二号陵园考古现场

官的主体建筑结构；2019—2021 年在原标定"宁宗陵"保护区（二号陵园）的考古发掘中发现了某帝陵的下宫遗址，共出土遗物达千件。如今，现场考古及遗物整理工作仍在进行中。当时，我们谁都没有想到，一年之后"国音承祚——宋六陵考古成果展"会在杭州西湖博物馆总馆（南宋官窑馆区）举办（图 2）。

2021 年 11 月的某一天，接到李晖达副研究员关于举办宋六陵考古成果展的合作意向，我们当即欣然接受。接受的理由主要有二：一是我们特别喜欢和考古人合作，对考古人的纯粹以及他们对事业的执著怀有深深的敬意。此外，能以具体的案例提高专业、开阔眼界，这是求之而不得的；二是这样重大的项目富有挑战性，无论对于考古人还是博物馆人，都是双赢的事情。

一、博物馆人也许是离考古人最近的

考古是面对田野、面对一手的出土文物和信息；博物馆人的日常则是面对文物展品以及来参观这些展品的观众。我们和考古人的连接在哪里呢？或许展览真是一种极好又完美的呈现方式。考古人的思考是严谨的，有时会略显枯燥，甚至对于普通人而言，考古专业上的词汇晦涩难懂；但无法否认的是，对于考古，越来越多的人抱有浓厚的兴趣。考古中出土的文物与所展现的信息，如何通过我们与考古人的对话来理解和把握，并以科学的态度、科普的方式，实事求是地传递给观众，是我们在策展过程中始终如一的主线。

通过对史料和一系列专业论文的研读，再经过与李晖达老师的多次交流、沟通，作为策展方，我们以为"国音承祚——宋六陵考古成果展"应忠实于考古人本身的思索与话语。在主题的表达上，我们应尽力成为考古人立场和观点的搬运者，成为出土信息解读的客观撰写者，而不是另辟蹊径，追求自我表达，设置过多的展览情节。对于那些断垣残瓦、碎片残器，我们和考古人一样，有着天然的亲近感；与考古人的对话，更是自

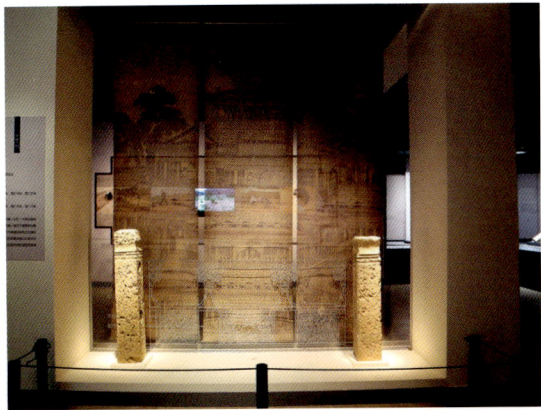

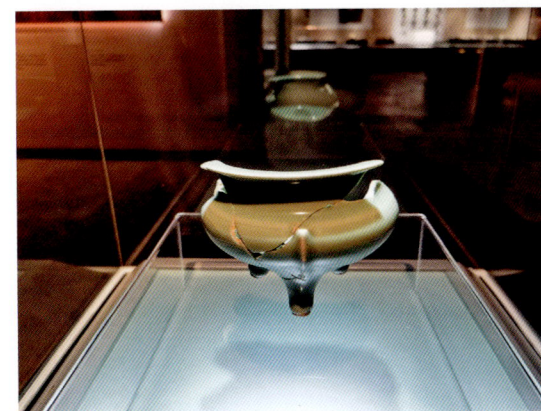

图 3　展厅展品的展示情况

然地寻求一种彼此间的接纳、信任与理解的方式。

二、每个博物馆都有自身的独特定位

基于杭州西湖博物馆总馆（南宋官窑馆区）是建立在遗址基础上的特点，这一自带考古属性的博物馆IP，需要通过和考古人的合作与磨合而不断放大。这也是我们近年来摸索出的展览方向与合作模式。多年的经营已为博物馆带来一大批较为固定的、热爱历史与考古且相对追求专业性展览的观众群体。虽然这一群体与热衷于刷展的群体相比，尚较为小众。然而就一定层面而言，博物馆有时也需要一些所谓的"曲高和寡"，以此来培育观者对历史文化更深层、全面的认知。尤其是像宋六陵考古这样的重大题材，要读懂考古信息中的原生内涵十分不易。

三、从精品展的概念中解放出来，读懂残破物件中的信息

博物馆展出的展品不一定总是精品。考古中出土的文物固然有相对精美的，但大多数都是外表看似残破的普通遗物。这些物件在考古人眼中是具有原真性的，是能说明问题、佐证文本的实物。这些物件的重要性在哪里？其中的信息说明了什么？这正是博物馆人通过与考古人交流，再经过自身思考、消化、吸收、整理后需要引导观众的地方。

我们选取的 159 件／套出土标本，可分为两大类：一类是建筑构件，一类是陶瓷器碎片。这也代表着宋六陵考古出土的两类最基本的遗物。在展厅中，建筑构件的分类、排列、摆放是有逻辑关联的，能成组反映建筑遗址的某些状况，并为复原建筑本体提供数字化的依据；瓷器残件的复原及功能推测，则结合了考古出土地点及以往的研究成果（图 3）。

残件自带的美感透露出许多制作的细节。观者能直观地注意到断裂的痕迹、暴露的孔卯、釉层的厚度、

细腻的纹路、制作的方式等。残损，不代表物件信息的丧失和支离破碎；相反，由于出土位置的明确，在考古遗物中有些残件更能说明问题。

四、宋六陵的考古成果主要体现在哪里

大遗址的考古发掘往往时间跨度较长，每一次的新发现都能展现阶段性的成果，并为遗址的保护、规划及利用提供科学的依据。宋六陵考古的十年历程也仅是阶段性的。为此，我们将这些阶段性的时间节点放入整个宋六陵的大事记中去叙述。序厅中一条从古至今的时间轴线，串联起历史的脉络，也见证了今人对于这片文化遗存的认知与变化过程（图4）。

图4
展厅中的宋六陵考古大事记

宋六陵的考古成果所体现的不仅仅是出土遗物的数量，更重要的在于建筑遗址的发现和对其进行的科学复原研究。最终在将来，随着考古工作的深入，摸清整片陵区的布局以及不同陵墓间的相互关联及各帝、后陵的尊卑秩序或方位等。

五、组织展览的故事主线

宋六陵是大宋王朝强烈的政治与文化认同的象征，也是江南地区分布最集中的皇家陵园。由于出土遗物的同类同质化程度较高，以展品为主线串联展览显然是不可能的；以宋六陵中各帝、后陵的营建时间为线索也是不妥当的，因为目前的考古出土物还不足以支撑起相应的展品。但是我们需要一个有序的、符合逻辑的故事脚本，结合考古发掘的信息，引导观众理解其中的历史文化内涵。

这不是一个单纯利用宋六陵考古材料去构架其主题的展览，只能将主体的叙述围绕宋六陵考古及其发现去设置展览主线。于是，我们将展览分成了三个单元：第一单元"祖宗故事"，为展览的引言。以解读北宋时期盛行于中原地区的"五音姓利"风水堪舆术为开端，并概述宋代的丧葬礼仪与山陵制度，重点介绍攒宫之制；第二单元"江南无双"，为本展览的核心展示部分。结合考古现场信息及出土建筑构件等，介绍近十年来的考古发掘情况及宋六陵遗址的建筑复原研究；第三单元"陵攒杂用"，结合史料及研究成果，着重概述宋六陵的营建与制度演变，揭示宋六陵背后的历史事件及故事，并与同时期、同一地区高等级墓葬——兰若寺大墓出土的建筑构件进行比较（图5）。

图 5
展厅中各个单元的展示空间

六、保证展览的学术性、严谨性与观展体验相平衡

"国音承祚——宋六陵考古成果展"的定位显然是学术性展览。虽然展览之初设定的观众是偏专业性的受众群体，但由于题材重大，展览一开幕就受到了很多的关注；加之各类媒体的宣传，观众数量激增。如此，展览的受众群体就被扩大了。在这一点上，我们是有所预见的。

观众对信息的接受本来就是分层级的。展览的目的是什么？其实不同的展览可以有不同的定位，但共同点无非是为了传播，展现策展人的理念。至于观者能接收到多少策展人的理念，其实很难把握。因为每个人都是个体，思维方式有差异，接受程度也受个人知识体系的限制。作为博物馆人，在与考古人合作时是否能较好地接收考古人提供的资料和信息，也要看策展人的知识构成与专业程度。

首先，我们必须要让自己读懂考古人所要表达的核心观念，然后顺着这条线索来作文章。由于宋六陵题材的复杂性，需要解释和说明很多学术性的话题以及考古发掘情况，精简的文字根本无法表达完整的信息，因此展板的文字量大大超出了预设。我们起初认为，传统的展板文字信息量过于庞大，观众或许不会有耐心观看，但经过收集观众留言和在展厅观察观众的实际观展过程，发现阅读展板还是大多数观众首选的辅助观展方式。在展板设计上，为了视觉阅读更加舒适和简洁，我们采用了图表和图示结合的方式，比如在解读宋代的丧葬礼仪和宋六陵先后下葬的帝、后时都采用了更直观的图像方式。当然，如果展览经费更加充裕的话，同时置入语音导览系统，效果则会更好（图6）。

在视觉展示上，我们还利用考古人提供的精准的宋六陵考古勘探地形图制作了静态的立体模型（图7），虽然尚是推测的宋六陵平面布局，但可以让观众能整体把握大遗址的全貌。除了平面静态展示大遗址的全貌，我们在影像中也运用了动态化的数字动画制作了南宋皇陵整体布局的三维复原景象（图8）。

影像展示中还有一大亮点是与主体展览内容配套的纪录片的拍摄。纪录片以三个历史人物的视角展开，结合实地采访、专家讲述，用通俗易懂的方式解读宋六陵的历史背景与变迁。尤其是其中一段以南宋初年宰相周必大《思陵录》中记载的淳熙十四年（1187）宋高宗驾崩、出殡、安葬这一历史事件为线索，不但

丧 制

命大臣撰陵名　哀册文　谥册文　议谥号　|　临　|　发哀

告哀外国　|　成立治丧建陵机构　灵驾指挥　|　贺皇帝即位　|　宣遗制（诏）

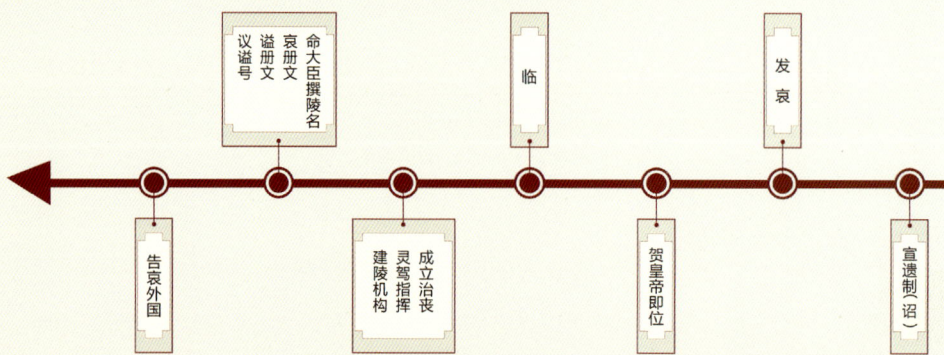

注 解　临，在古代丧葬典礼中是相当重要的环节，丧事而悲痛哭泣即为临，音同"赁"。一般"逢七入临"。"每七日皆临，四十九日而止"，"举哭一十五音讫"。

葬 制

三年丧之小祥·大祥　袝庙　虞祭　灵驾赴山陵　三奠　告于南郊和请谥于南郊　烧香　按行　以日易月之大祥　请御正殿　以日易月之小祥　赐遗留物

建道场　修寺院　禫除从吉　德音　卒哭之祭　掩皇堂　发引　启攒宫　外夷入吊　卒哭　禫　掩攒宫　逢七入临　诸军赏给　大敛成服

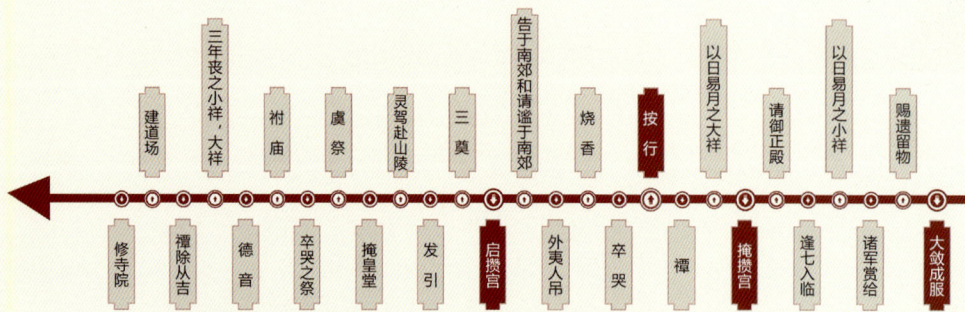

注解		
大　敛	一般是在人去世后的第三天，将尸体放入棺材内入殓。	
成　服	生者按照和死者的承嗣、尊卑关系，各依服制穿着衰服，为表示对死者的哀悼，大敛以后立即成服。	
掩攒[cuán]宫	即在殡宫礼中完成掩藏梓宫（皇帝 棺后或重臣的灵柩）。	
按　行	即风水堪舆，是非常重要的葬礼前期准备工作之一。宋代皇帝的葬地是由按行使来负责选址和占卜。	
启攒[cuán]宫	即启殡，一般是在发引前一日。启攒就是指将灵柩移到紫屋正中。	
禫[dàn]	古代除去丧服的祭礼。	
发　引	古代出殡时送殡的人用绋（fu）牵引灵柩作前导，叫做发引。后来也指出殡时抬出灵柩。	
虞　祭	葬事之后的祭礼。	
以日易月之小祥	"小祥"本是死者周年祭礼，但宋代皇帝丧礼采"以日易月"之制，即是日数代替月数，故以第十二日为"小祥"。"大祥"是两周年祭礼。"以日易月"为皇帝崩逝的第二十四日（或二十五日）。	
攒[cuán]宫	本用于大丧奉厝的停灵殡阶段，是临时覆盖梓宫的木构外椁，四周用柏木堆垒成椁形结构的四阿顶木屋造型，故本字作"攒"。	

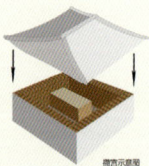

微宫示意图

图6　宋代帝王丧葬礼的主要步骤图

展现出从南宋都城临安至绍兴宋六陵的整个路线及现存重要的历史文化遗迹的现状，也反映了浙东运河在宋六陵营建过程中起到的作用，甚至整个南宋150余年间浙东运河在沟通两地政治、经济、文化方面的重要纽带功能（图9）。

七、"国音承祚——宋六陵考古成果展"的意义

我们经常谈及宋韵，但往往过于偏重宋人文艺的一面。南宋作为浙江最浓墨重彩的历史时期，皇城与皇陵是该时段最具标志性的两处历史文化遗存，也是这个时代最具代表性的文明象征。宋六陵作为大宋王朝强烈的政治与文化认同的标志，更承载着那段历史的丰沛与壮烈。

从杭州到绍兴，从临安城至绍兴皇陵（图10），我们顺着浙东运河折向东南，跟随摄像机一路取景，当时的情景仍历历在目，那是一种历史与现实的交错，时而悲壮，时而激昂。想象着长长的仪仗队伍行走其间，带着恪守祖制的尊严和回归故土的期冀，在绍兴城外连片的宝山中，埋下的是中兴宋室的情怀和发愤图强的愿景。

今天，我们以宋六陵的考古发掘为契机，在位于南宋故都临安皇城下的杭州西湖博物馆总馆（南宋官窑馆区）展示这一考古工作的重要发掘成果，恰恰是以这种方式缔结起南宋时期两处与国家命脉紧密相连的文化地理坐标。

与考古人的对话，我们还将继续。运用多维度的方式呈现出展览的多种可能性，并为展示语言赋予考古人视野下的思维模式。考古学以物说话，以物证史，这个物可以是出土实物，也可以是作为物质遗存的各类遗迹，物的种类组合、形态特征，遗迹的结构、类型，才是考古学家们关注的对象，并通过研究及相互间的比较，结合史料来讨论和揭示当时的社会面貌。这也是我们试图通过"国音承祚——宋六陵考古成果展"所要传达给观众的。

图7 绍兴宋六陵考古发掘地形复原模型

图8 南宋皇陵建筑复原数字化展示

图9 观众在展厅观看展览纪录片

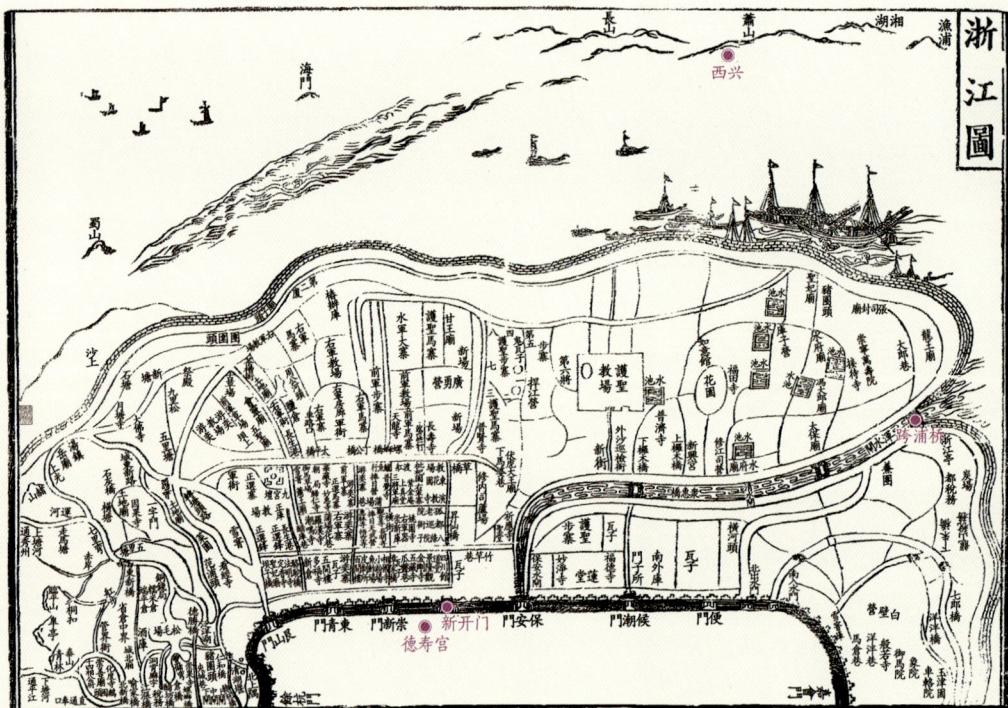

宋版《浙江图》复原图（原刊姜青青《〈咸淳临安志〉宋版"京城四图"复原研究》）

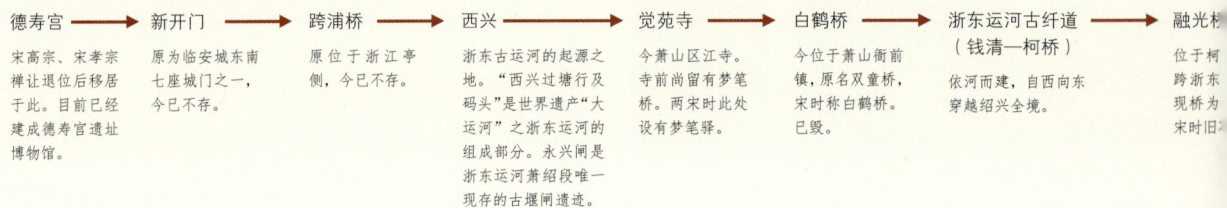

德寿宫	→	新开门	→	跨浦桥	→	西兴	→	觉苑寺	→	白鹤桥	→	浙东运河古纤道（钱清—柯桥）	→	融光桥
宋高宗、宋孝宗禅让退位后移居于此。目前已经建成德寿宫遗址博物馆。		原为临安城东南七座城门之一，今已不存。		原位于浙江亭侧，今已不存。		浙东古运河的起源之地。"西兴过塘行及码头"是世界遗产"大运河"之浙东运河的组成部分。永兴闸是浙东运河萧绍段唯一现存的古堰闸遗迹。		今萧山区江寺。寺前尚留有梦笔桥。两宋时此处设有梦笔驿。		今位于萧山衙前镇，原名双童桥，宋时称白鹤桥。已毁。		依河而建，自西向东穿越绍兴全境。		位于柯跨越浙现桥为宋时旧

图10　从临安城到皇陵（还原淳熙十五年［1188］宋高宗出殡所走路线）

图11　宋六陵安葬的历代帝后像

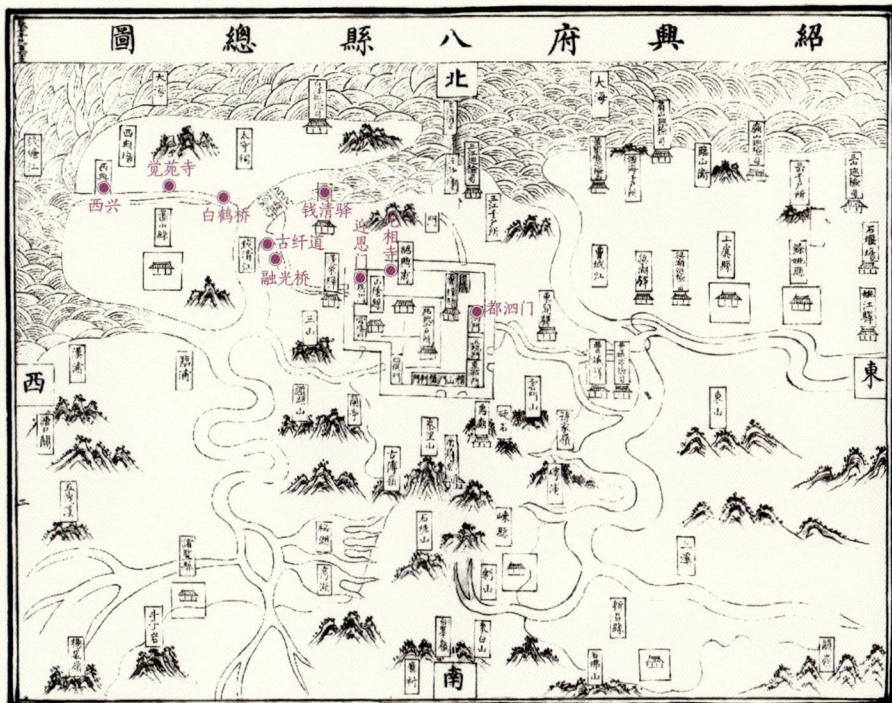

《永乐大典》收录的《绍兴府志》地图

恩门 ——▶ 光相寺（桥）——▶ 都泗门 ——▶ 鑑（鉴）湖 ——▶ 御河 ——▶ 通陵桥 ——▶ 攒宫村 ——▶ 神道 ——▶ 宋六陵

恩门	光相寺（桥）	都泗门	鑑（鉴）湖	御河	通陵桥	攒宫村	神道	宋六陵
兴古城的西大位于浙东运与绍兴府城河交汇处，现存2000年新修。	寺已无存，仅存光相桥。此桥宋以前就存在，南北向横跨古运河。	旱门和水门合为一体的城门。现存为2001年在原址重建。	原鉴湖位于会稽县东2里处。南宋时已经湮废。高宗出殡时，湖内已遍为耕田。此段的浙东运河也萎缩成一条狭长的航道。	南宋朝廷为构筑陵园之需，专门修建的一条从绍兴城至陵园的水上通道。	凡是通往陵园陆路之上跨越御河的石桥均被定名为陵桥。原有五座陵桥。其中第一座和最后一座都被称为"通陵桥"。	御河终点。今留有河埠头（攒宫埠）旧址及通陵桥旧址。	即陵道。从水路终点一直通行至南宋皇陵的陆路通道。通道南端可见"松壑"摩崖石刻遗迹。	

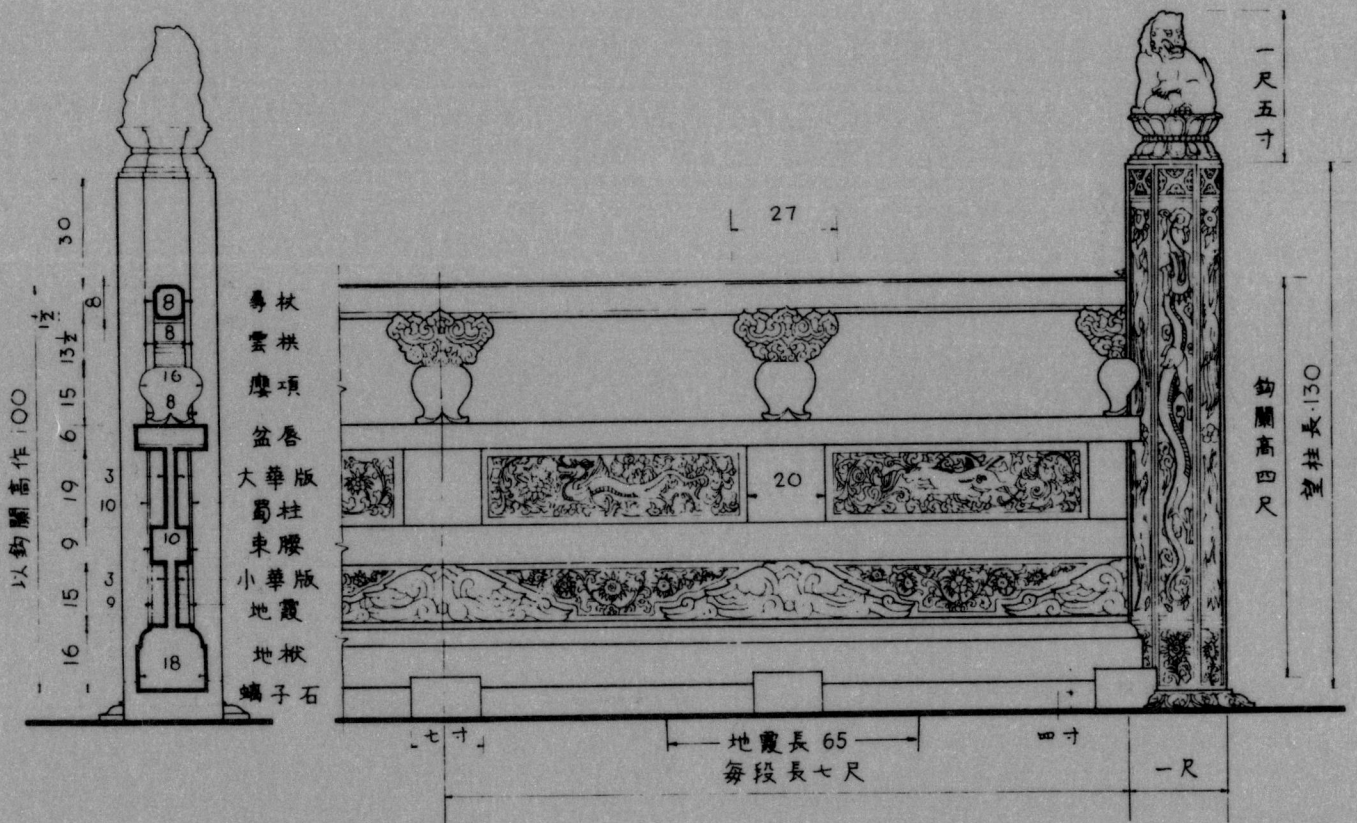

寻杖　云栱　盆唇　大华版　蜀柱　束腰　小华版　地霞　地栿　螭子石

以钩阑高作一〇〇

30
12
8
13寸
15
6
19
9
15
16

8
8
16
8
3
10
3
9
10
18

27

20

一尺五寸

钩阑高四尺

望柱长·130

七寸　地霞长65　每段长七尺　四寸　一尺

展示篇

追求卓越的建筑技艺

在宋六陵一号、二号陵园的发掘过程中均出土有大量建筑构件，本篇中所展示的建筑构件以二号陵园遗址出土品为主，基本可分为瓦作和石作两大类。瓦作包括筒瓦、瓦当、板瓦、瓦饰等。石作主要是台基残件、水槽、柱础、钩阑望柱等，还出土有一定数量的砖作构件。

瓦作构件

　　瓦饰是建筑屋顶的装饰构件，基本位于正脊、垂脊、戗脊等位置，有鸱吻、龙尾、火珠、兽头、嫔伽（迦陵嫔伽）、蹲兽等。宋六陵遗址出土瓦饰均为泥质灰陶，模制。因扰动破坏，绝大部分构件残损严重，且脱离原生层。这些出土的建筑构件，经过测绘，其尺寸和形制可与北宋官方编纂的《营造法式》中的相关构件对应比较，再参考周必大在《思陵录》中的相关记载，为宋六陵遗址地面建筑的复原提供了准确的数据。

正脊

鸱尾

腰钉火珠

华废

兽头

滴当火珠

华废

垂脊

曲阑博脊

角脊

兽头

蹲兽

嫔伽

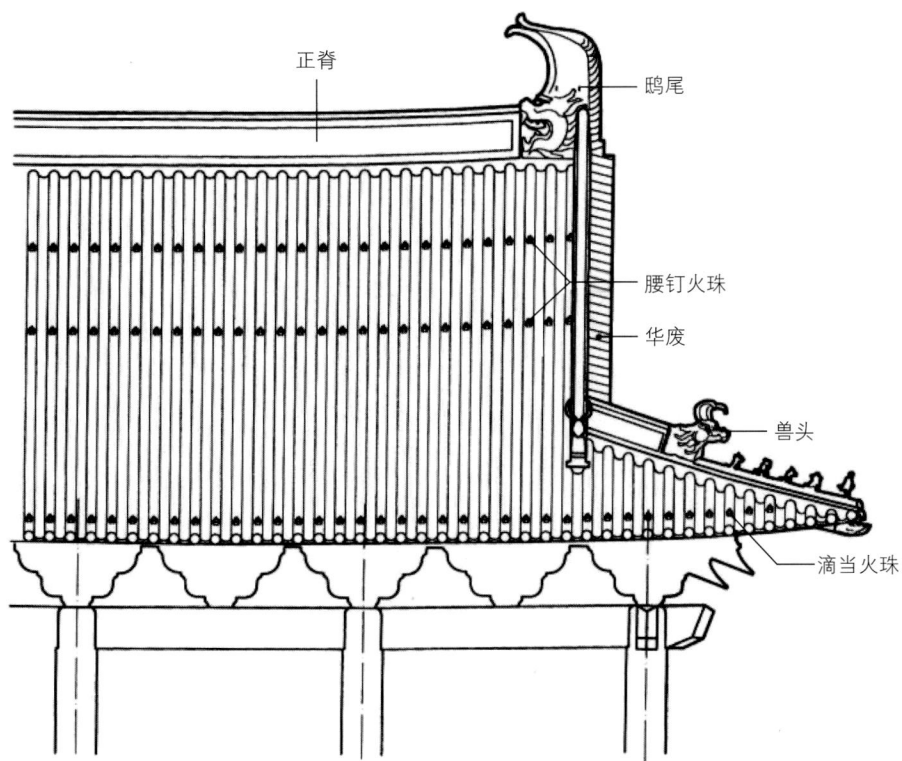

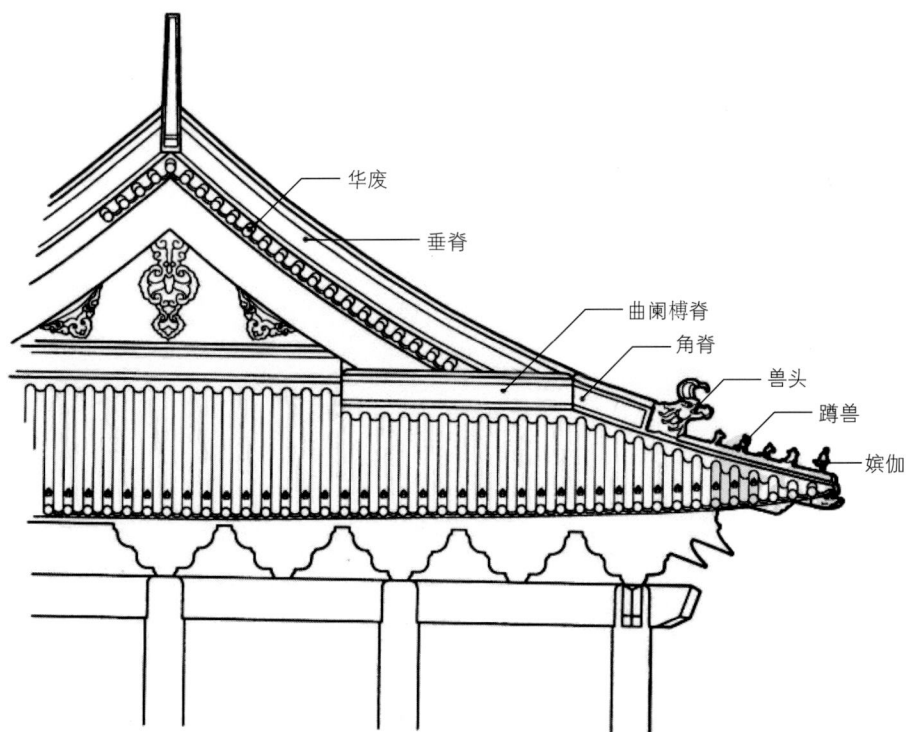

《营造法式》所载屋顶
示意图（选自潘西谷、
何建中著《〈营造法式〉
解读》164 页插图）

055

鸱吻

　　鸱吻，《营造法式》卷二中称为"鸱尾"。其中云："《汉记》：柏梁殿灾后，越巫言：海中有鱼，虬尾似鸱。激浪即降雨，遂作其象于屋，以厌火祥。"

　　鸱吻为高等级建筑屋顶上安置于正脊两端的建筑构件，用以加固屋脊端头，并具有较好的装饰作用。鸱吻常见的形象为龙头、鱼尾。在一些古代高规格的宫殿建筑中，鸱吻体量较大，高度可达1丈（宋代时1丈约为3.1米），需要分件烧制，并以铁鞠（形似蚂蟥钉的铁扣）拉结成整体，安装时也必须采用多种固定方式。在宋六陵遗址中发现多块鸱吻残件，基本为龙头的鬃毛造型。而与宋六陵遗址相距不远的兰若寺大墓遗址，虽建筑规模较大，却未出土任何鸱吻构件。

宋（传）郭忠恕绘《明皇避暑宫图》中的宫殿式建筑屋顶
日本大阪市立美术馆藏

《营造法式》中各种殿宇的鸱尾高度

（本表选自潘西谷、何建中著《〈营造法式〉解读》163页）

建筑类型	开间与椽数	鸱尾高度（尺）	备注
殿屋	九间八椽以上 有副阶 无副阶	9~10 8	
	五至七间	7~7.5	不计椽数
	三间	5~5.5	
阁楼	三檐者	7	与殿五间同
	二檐者	5~5.5	与殿三间同
殿挟屋		4~4.5	
廊屋之类		3~3.5	廊屋即殿前庭院周围的廊庑，其转角正脊用合角鸱尾
小亭殿等		2~2.5	

（本表据《营造法式》卷十三"瓦作制度"）

鸱吻残件

考古编号：2020 宋六陵二号陵园 F2:3
南宋
绍兴宋六陵二号陵园遗址出土
残长 22 厘米

鸱吻残件

考古编号：2020 宋六陵 S2E3T0607 ③ :2
南宋
绍兴宋六陵二号陵园遗址出土
残长 28 厘米

鸱吻残件

考古编号：2019 二号陵 T0504 ②
南宋
绍兴宋六陵二号陵园遗址出土
残长 18 厘米

脊兽

　　脊兽用于古建筑屋脊端头。与鸱吻相比,其体量较小,造型一般是兽口大张,舌头外翻,有一对对称弯曲的犄角。宋六陵二号陵园遗址出土有较多兽头残件。

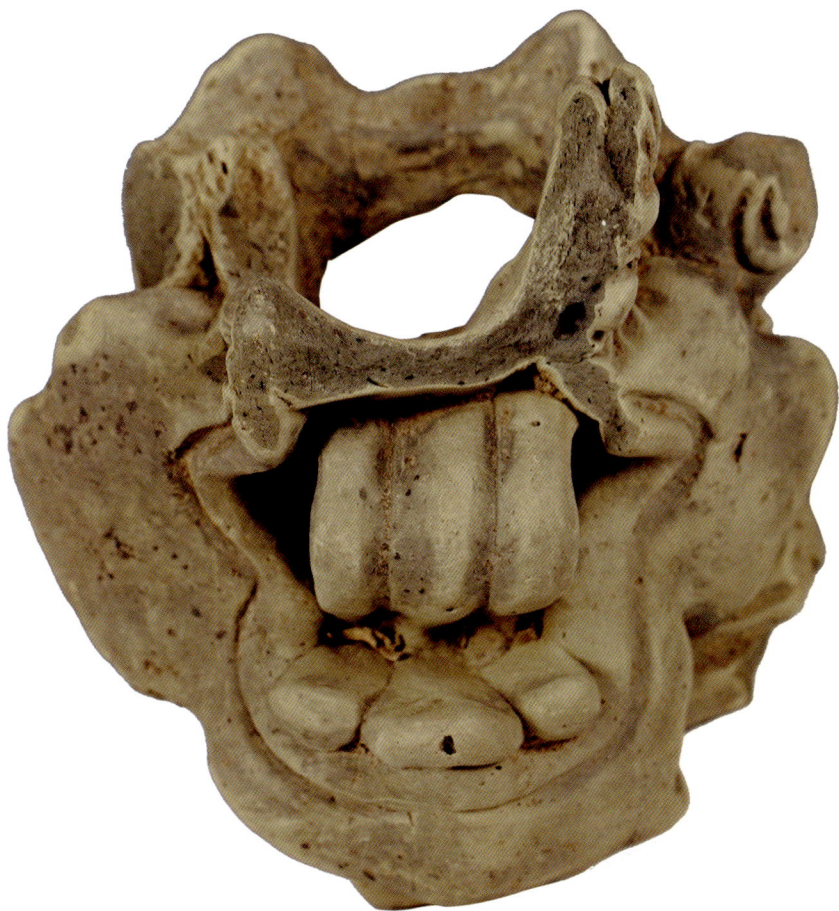

兽头残件

考古编号：2019 宋六陵 S1E4T0901 ① :1
南宋
绍兴宋六陵二号陵园遗址出土
残长 13 厘米

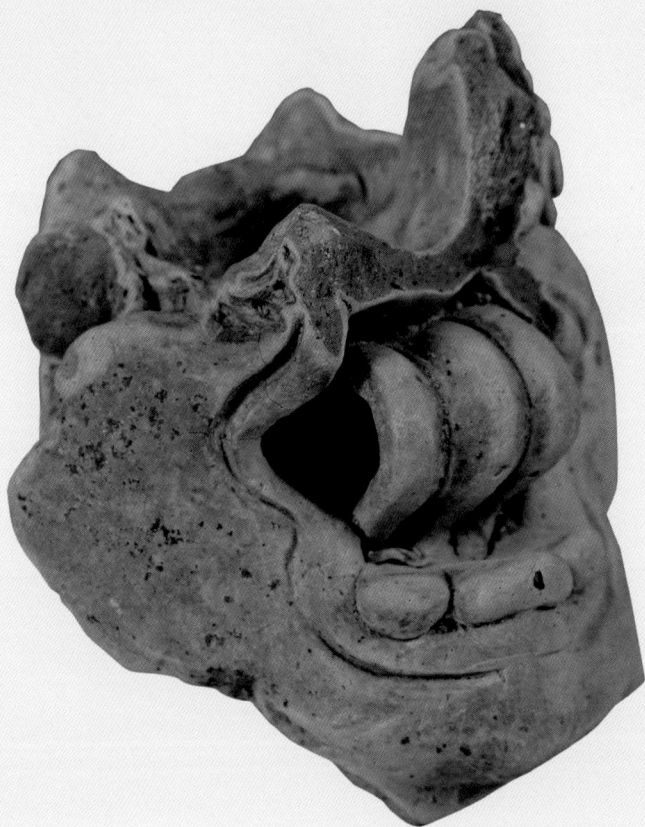

兽头犄角残件

考古编号：S2E3T0208 ②：11
南宋
绍兴宋六陵二号陵园遗址出土
残长 15.5 厘米

兽头犄角残件

考古编号：2021 宋六陵二号陵园
　　　　　　TG2 西边表土层 23
南宋
绍兴宋六陵二号陵园遗址出土
残长 19 厘米

绍兴兰若寺大墓出土兽头

考古编号：T1905 ②：424
南宋
长 31 厘米，宽 12.6 厘米，高 15 厘米

套兽

套兽位于子角梁首，其上需用钉加固。宋六陵遗址出土的套兽残件，中空、合模制，有的还可见安装用的圆形卯孔。

套兽残件

考古编号：S1E3T0906 ③

南宋

绍兴宋六陵二号陵园遗址出土

残长 18.5 厘米

套兽残件

考古编号：S2E4T0402：25
南宋
绍兴宋六陵二号陵园遗址出土
残长 18 厘米

套兽残件及线描图

考古编号：2020TG6 ② :2
南宋
绍兴宋六陵二号陵园遗址出土
残长 20 厘米

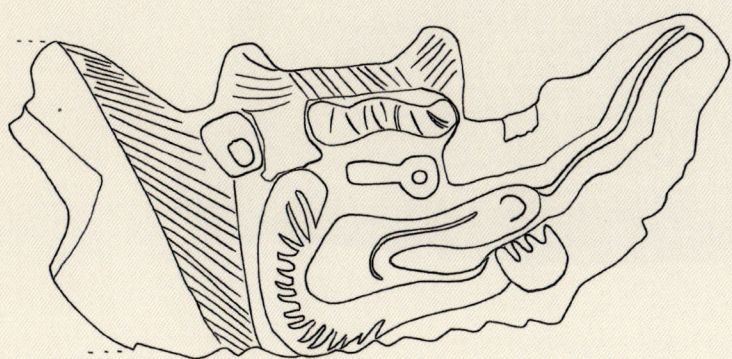
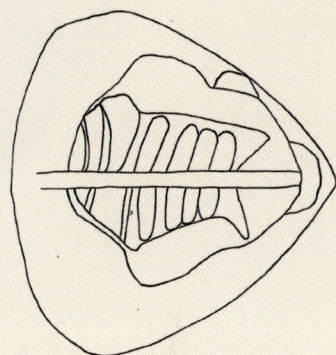

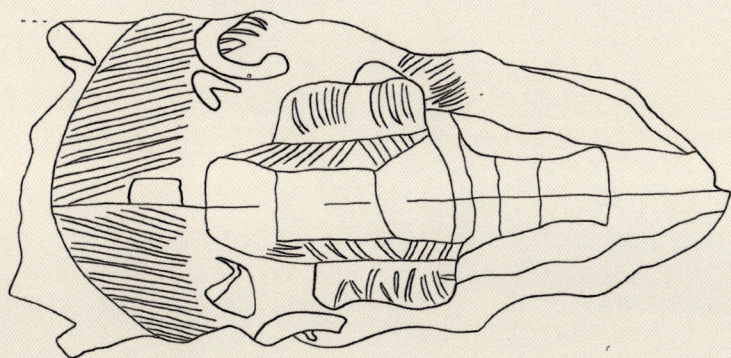

套兽残件

考古编号：2020TG6 ② :6

南宋

绍兴宋六陵二号陵园遗址出土

残长 19 厘米

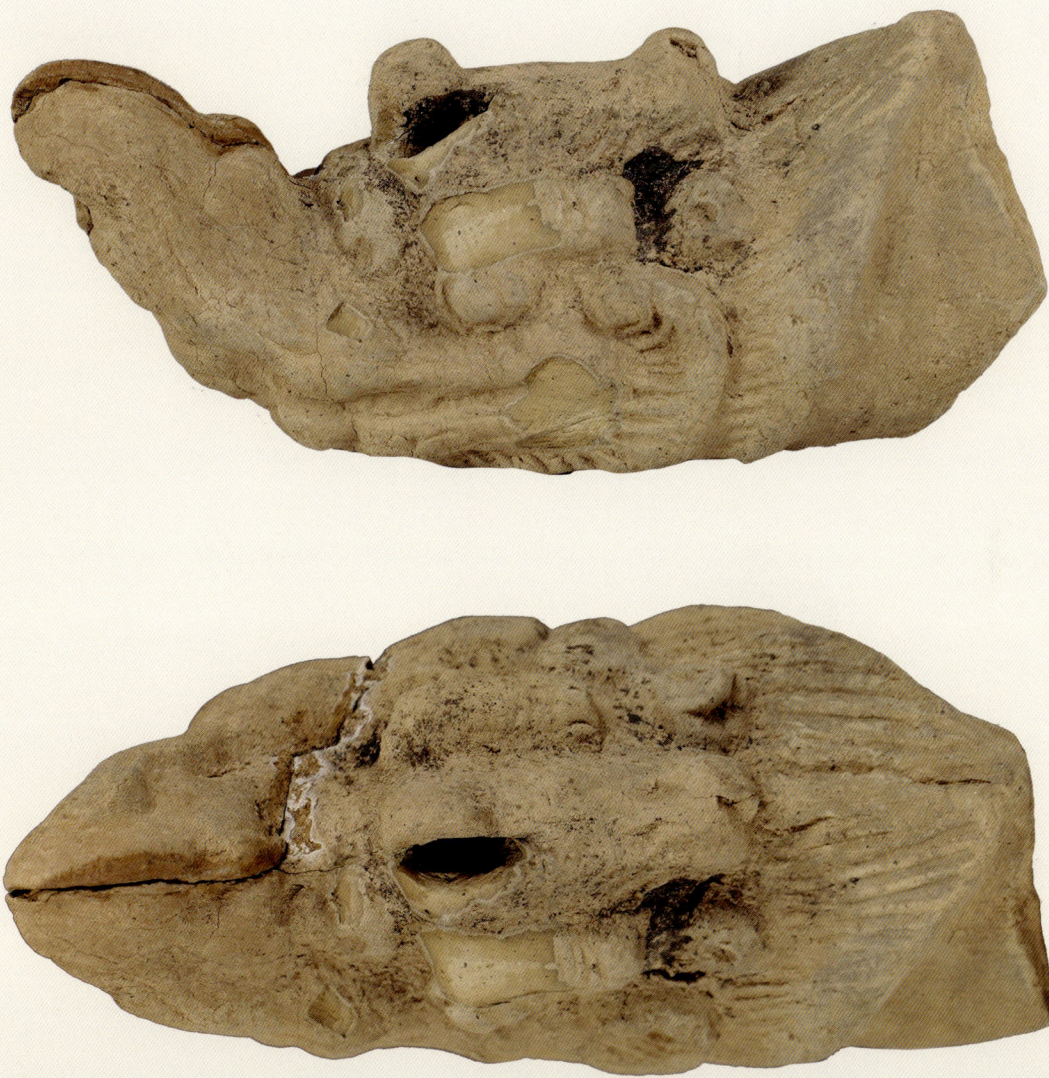

套兽残件

考古编号：2018 宋六陵 2 号陵园 TG 东部
南宋
绍兴宋六陵二号陵园遗址出土
残长 19 厘米

嫔伽

《营造法式》中称"嫔伽"，为梵语"迦陵嫔伽"的简称。佛经云："山谷旷野，多有迦陵嫔伽，出妙声音，若天若人。"意译为妙音鸟或美音鸟。迦陵嫔伽一般置于建筑屋角角脊之端，作人首鸟身站立状。在明代的建筑中嫔伽的形象就有"仙官驭凤"的形式，从佛教含义转为道教含义。明后期至清代，又改作"仙人骑鸟"。

以下伽陵嫔伽仅存头部，中空。宝冠尖耸，面部表情清晰，呈女相，下颚残。模制。

迦陵嫔伽残件及线描图

考古编号：2018TG3①：3
南宋
绍兴宋六陵一号陵园出土
残高 10 厘米

迦陵嫔伽残件

考古编号：2019 宋六陵 S2E3T0307 ②：1

南宋

绍兴宋六陵二号陵园出土

残高 7.5 厘米

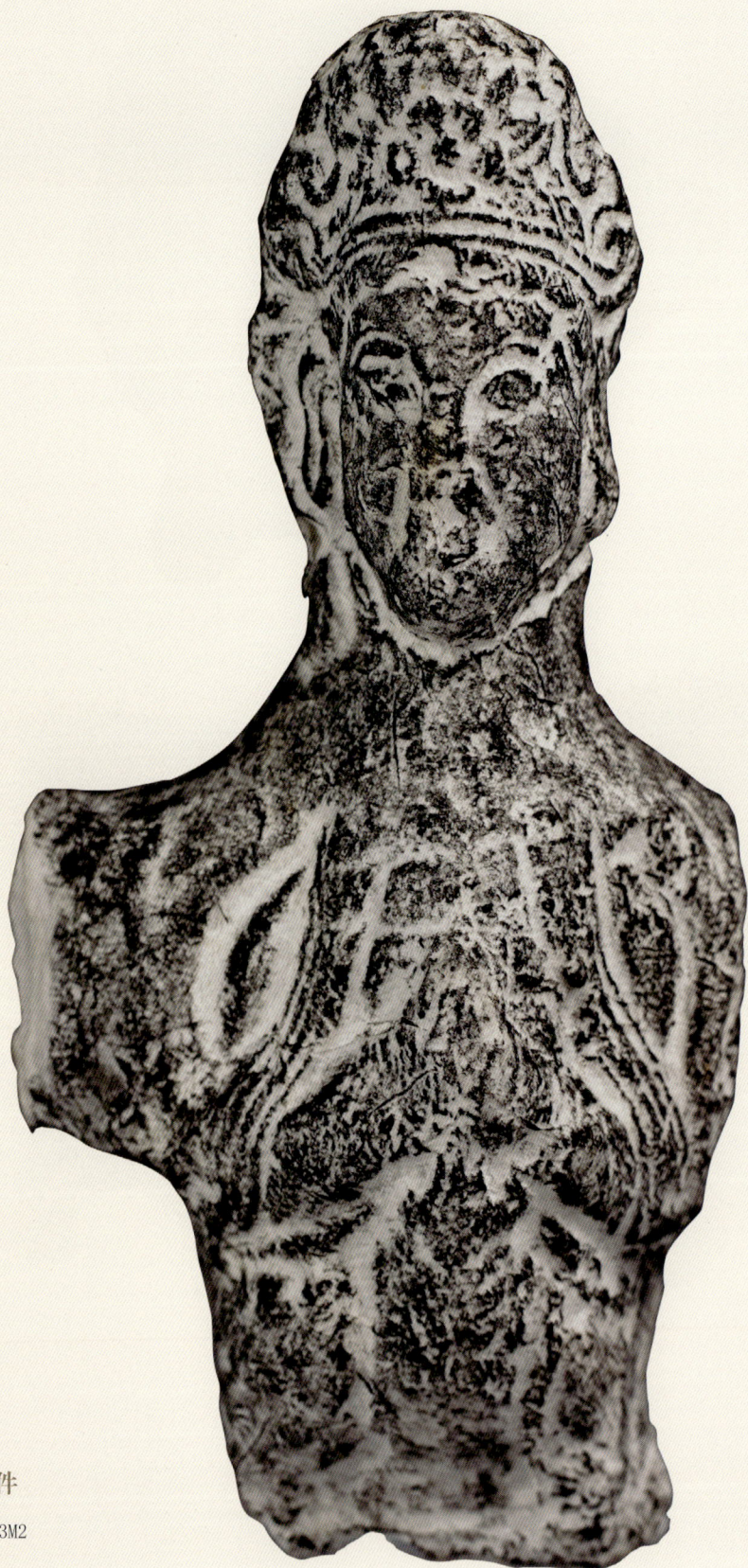

迦陵嫔伽残件

考古编号：2013M2

南宋

绍兴宋六陵 2013 年 M2 出土

残高 17.5 厘米

绍兴兰若寺大墓出土迦陵嫔伽瓦当

考古编号：T1905 ② : 8

南宋

长 12.5 厘米，高 22.5 厘米，当面径 7.5

厘米，瓦长 15.5 厘米

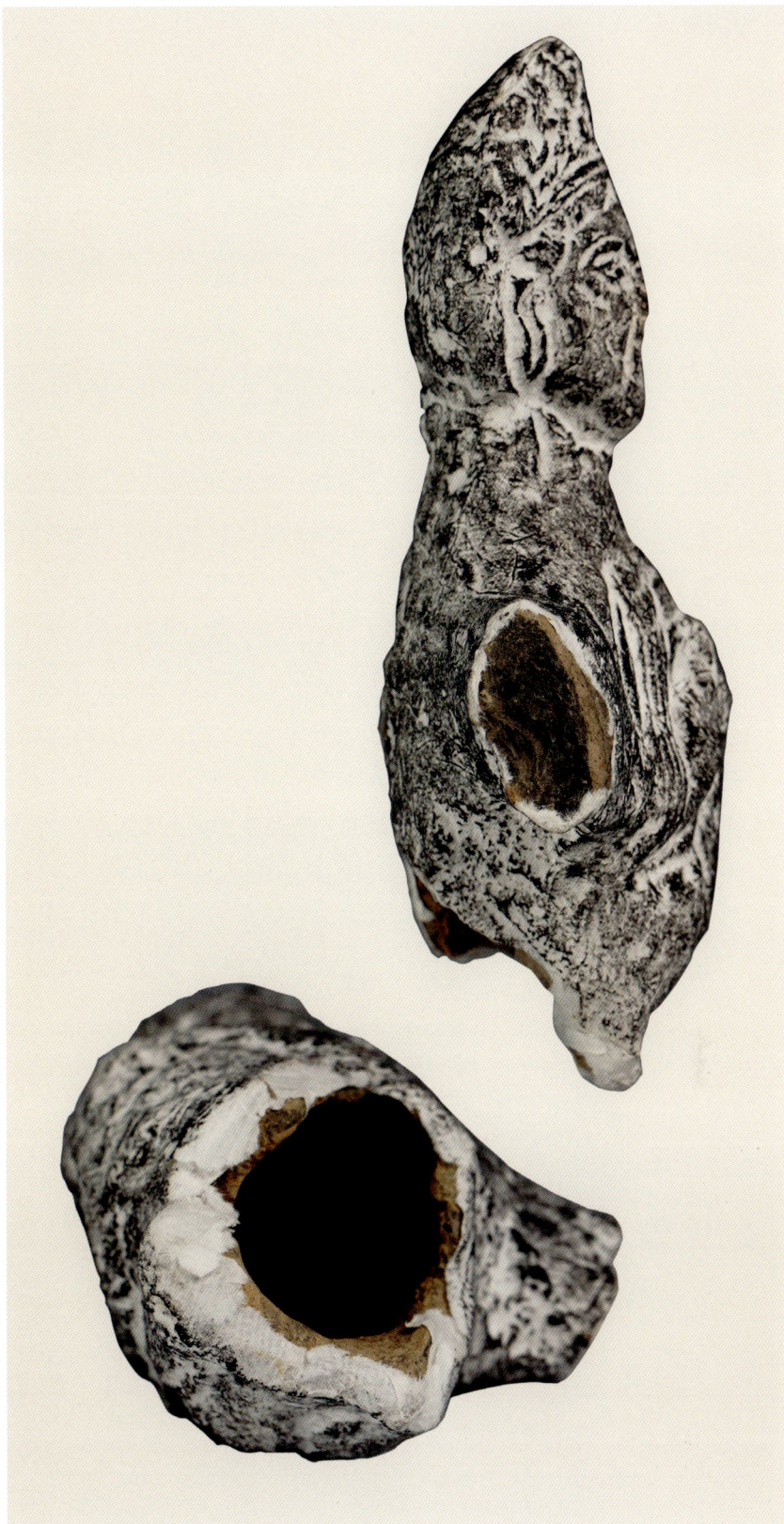

头部及上身基本完整，中空，双翅残。花形宝冠尖耸，鼻残，双耳下垂，双手于胸前合十，衣纹清晰可见。右侧翅膀断裂处可见生烧痕迹。

火珠

在古建筑中，根据所处位置不同，火珠构件分为三类：一是位于檐口的滴当火珠，起钉帽作用；二是位于屋顶铺设的筒瓦中部位置的腰钉火珠；三是房屋正脊居中位置的火珠，有四面出火焰和八面出火焰两种形式。

在考古简报中，宋六陵遗址出土的火珠统一被称为滴当火珠。《营造法式》云："滴当火珠在檐头华头甋瓦之上"，数量较多，纹饰多样。大都为上部两面模印火焰纹，中有宝珠，火焰纹样式较多，以卷曲勾云纹形成各种组合；下部多为覆莲纹束腰底座，腹部中空。这其中也间有少数为纯粹几何纹组合构图和细长的仰莲纹图案的火珠，其下无束腰底座。

《营造法式》所载套兽、嫔伽、蹲兽、滴当火珠高度

（本表选自潘西谷、何建中著《〈营造法式〉解读》166 页）

建筑类别	套兽径（尺）	嫔伽高（尺）	蹲兽		滴当火珠高（尺）	备注
			数量（枚）	高度（尺）		
四阿殿九间以上 九脊殿十一间以上	1.2	1.6	8	1	0.8	
四阿殿七间 九脊殿九间	1	1.4	6	0.9	0.7	
四阿殿五间 九脊殿五至七间	0.8	1.2	4	0.8	0.6	
九脊殿三间 厅堂三至五间 厦两头造	0.6	1	2	0.6	0.5	厅堂斗拱用斗口跳或四铺作者
亭榭(厦两头、撮尖) 用6寸筒瓦者 斗拱用斗口跳或四铺作者	0.6 0.6 0.6	0.8 0.6 0.6	4 4 2	0.6 0.4 0.4	0.4 0.3 0.3	

火珠

考古编号：2018 宋六陵 S2E1T1004 ①：1
南宋
绍兴宋六陵一号陵园遗址出土
高 11.5 厘米

火珠

考古编号：2021 宋六陵 S2E4T0402：17
南宋
绍兴宋六陵二号陵园遗址出土
高 11.5 厘米

火珠

考古编号：2021 宋六陵 S2E4T0402：20
南宋
绍兴宋六陵二号陵园遗址出土
高 11 厘米

火珠

考古编号：2019 宋六陵 S2E3T0106 ②

南宋

绍兴宋六陵二号陵园遗址出土

高 12.5 厘米

火珠及线描图

考古编号：2019 宋六陵 S2E3T0208 ②：9
南宋
绍兴宋六陵二号陵园遗址出土
高 12 厘米

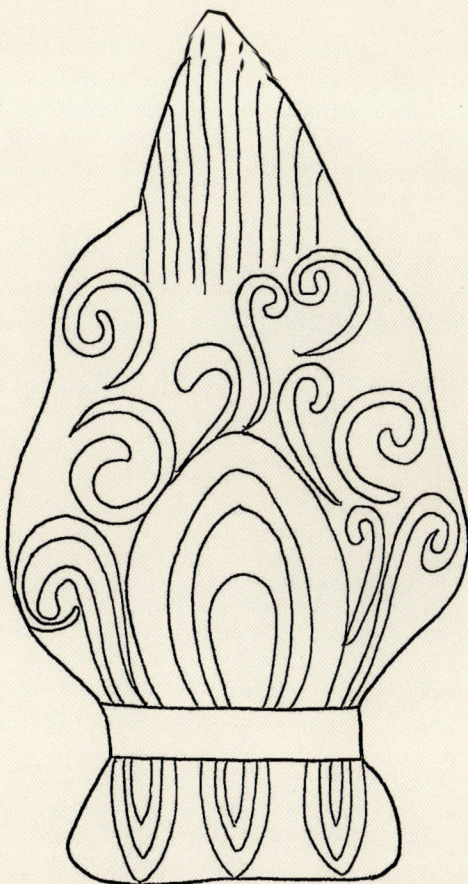

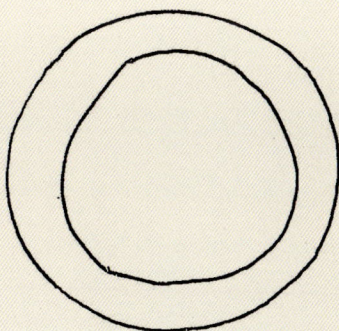

火珠

考古编号：2020 宋六陵 S2E3T0609 ③ : 7
南宋
绍兴宋六陵二号陵园遗址出土
高 12 厘米

火珠

考古编号：S2E3T0306：10
南宋
绍兴宋六陵二号陵园遗址出土
高 12.5 厘米

火珠

考古编号：2020 宋六陵 S2E3T0606
南宋
绍兴宋六陵二号陵园遗址出土
高 16.5 厘米

火珠

考古编号：2018 年宋六陵东部探沟表土采集
南宋
绍兴宋六陵一号陵园遗址出土
高 10 厘米

火珠

考古编号：S2E3T0307H3：12
南宋
绍兴宋六陵二号陵园遗址出土
高 11 厘米

火珠

考古编号：S2E3T0108H2
南宋
绍兴宋六陵二号陵园遗址出土
高 12.9 厘米

火珠

考古编号：2019 宋六陵 S2E3T0307 ② : 2
南宋
绍兴宋六陵二号陵园遗址出土
高 11 厘米

火珠

考古编号：2019 宋六陵 S2E3T0208H4
南宋
绍兴宋六陵二号陵园遗址出土
高 13 厘米

火珠

考古编号：S2E4T0402：1

南宋

绍兴宋六陵二号陵园遗址出土

高 10 厘米

火珠

考古编号：2021 宋六陵 S2E3T0710 ② :4

南宋

绍兴宋六陵二号陵园遗址出土

高 15 厘米

火珠

考古编号：TG12 ① : 1
南宋
绍兴宋六陵二号陵园遗址出土
高 10.5 厘米

火珠

考古编号：2020 宋六陵 S2E3T0708 ③ : 3
南宋
绍兴宋六陵二号陵园遗址出土
高 10 厘米

火珠

考古编号：2020 宋六陵二号陵园 S2E3T0606：2
南宋
绍兴宋六陵二号陵园遗址出土
高 13 厘米

瓦

按照《营造法式》中列出的瓦的形式，分为筒瓦、板瓦、檐口筒瓦、檐口板瓦、当沟瓦、线道瓦和条子瓦等几大类。宋六陵遗址目前主要出土的有筒瓦和板瓦两大类，檐口与非檐口均备。有的筒瓦带有方形的钉孔。

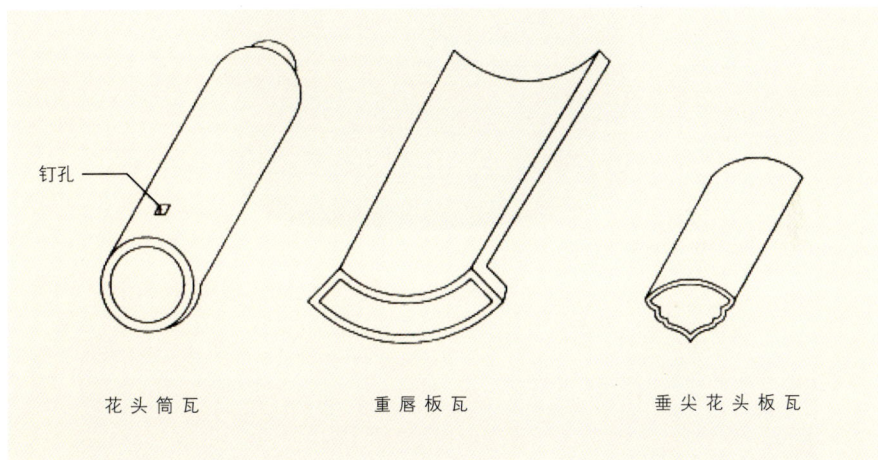

钉孔

花 头 筒 瓦　　　　重 唇 板 瓦　　　　垂 尖 花 头 板 瓦

《营造法式》中檐口筒瓦、板瓦示意图（选自潘西谷、何建中著《〈营造法式〉解读》157页）

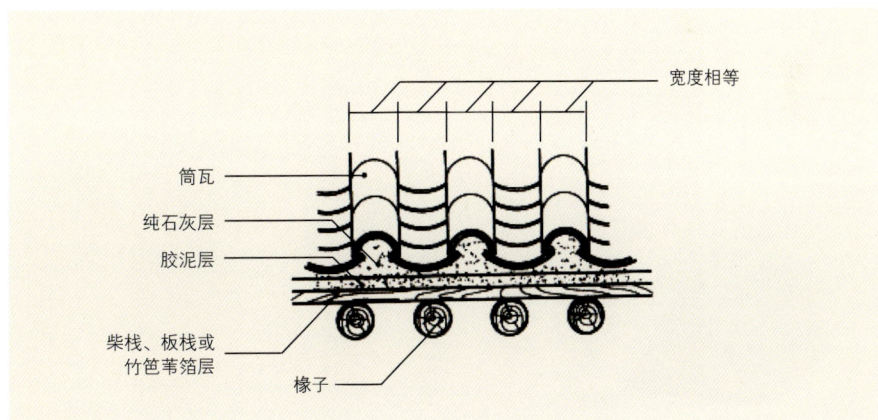

宽度相等

筒瓦
纯石灰层
胶泥层

柴栈、板栈或
竹笆苇箔层

椽子

《营造法式》中筒瓦屋面剖面图（选自潘西谷、何建中著《〈营造法式〉解读》160页）

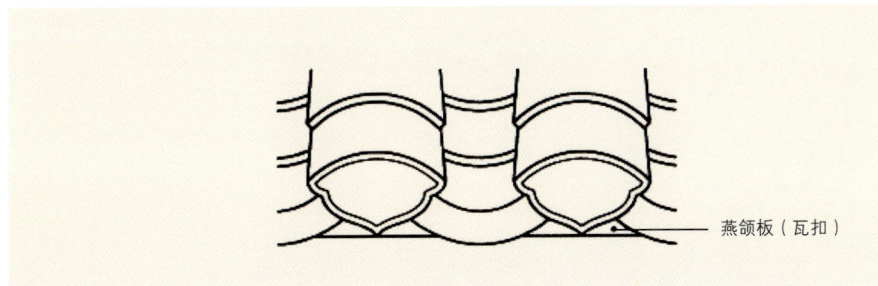

燕颔板（瓦扣）

《营造法式》中板瓦屋面檐口做法（选自潘西谷、何建中著《〈营造法式〉解读》161页）

089

筒瓦

考古编号：2020 宋六陵
S1E3T0809 ③ : 4
南宋
绍兴宋六陵二号陵园遗址出土
残长 25 厘米，宽 16 厘米

筒瓦

考古编号：2020 宋六陵
　　　　　S1E3T0909 ②：2-2
南宋
绍兴宋六陵二号陵园遗址出土
残长 31 厘米，宽 15 厘米

筒瓦

考古编号：2020 宋六陵
S1E3T0909 ② :2-1
南宋
绍兴宋六陵二号陵园遗址出土
残长 33 厘米，宽 15 厘米

筒瓦

考古编号：2020 宋六陵
S2E3T0909 ② :4
南宋
绍兴宋六陵二号陵园遗址出土
残长 30 厘米，宽 15.5 厘米

孔洞之处应为安装滴当火珠的位置。

筒瓦（带钉孔）

考古编号：2021 宋六陵
S1E3T0910 ① : 2
南宋
绍兴宋六陵二号陵园遗址出土
残长 23 厘米

筒瓦

考古编号：2020S1E3T0909②：2-3

南宋

绍兴宋六陵二号陵园遗址出土

长 33 厘米，宽 15 厘米

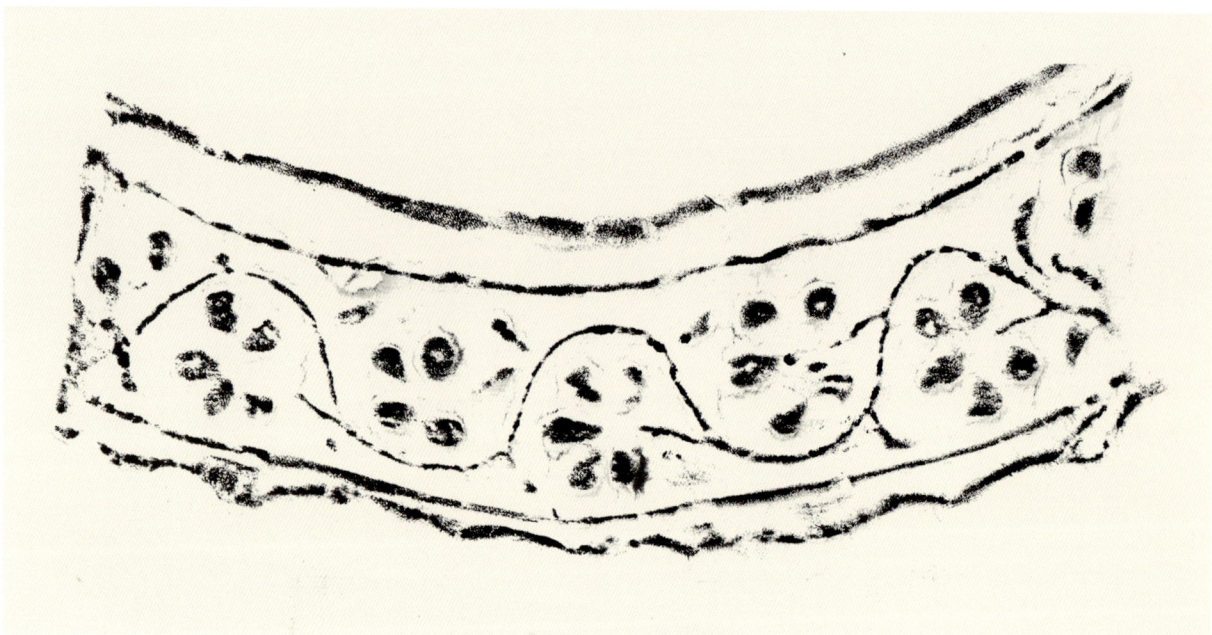

檐口重唇板瓦（滴水）及拓本

考古编号：2020S2E4T0201 ②：5
南宋
出土地址：绍兴宋六陵二号陵园遗址出土
残长 22 厘米

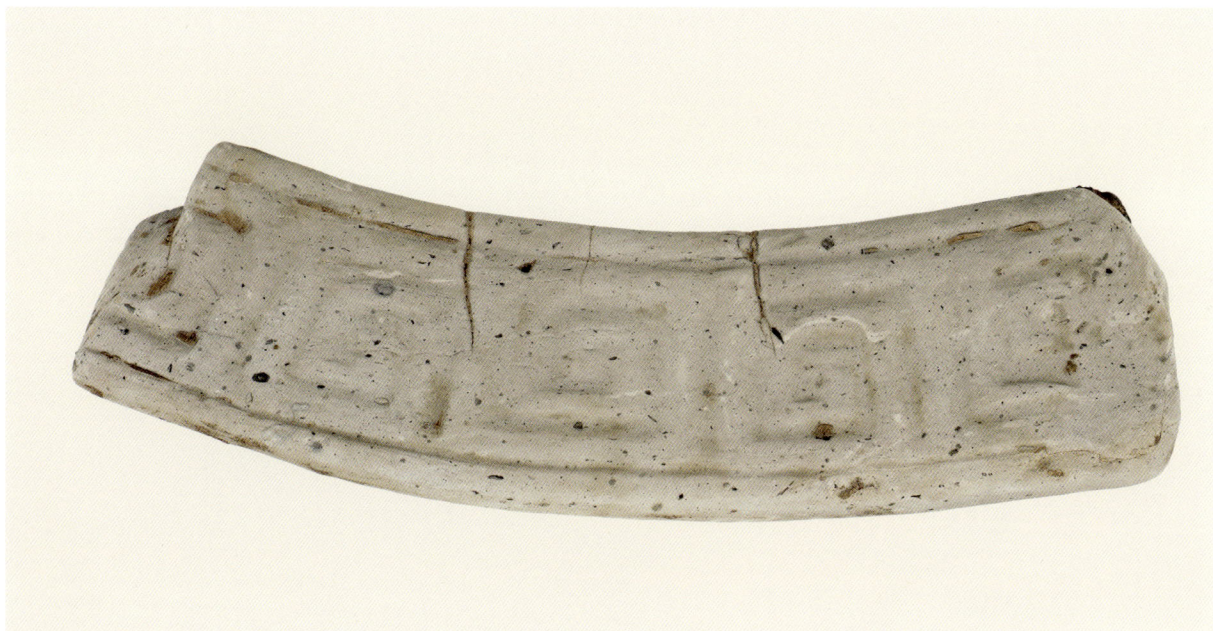

檐口重唇板瓦（滴水）

考古编号：2021 宋六陵 S2E4T0402 ③：27-1
南宋
绍兴宋六陵二号陵园遗址出土
残宽 17 厘米

檐口重唇板瓦（滴水）

考古编号：2021 宋六陵 S2E4T0402 ③：27-2
南宋
绍兴宋六陵二号陵园遗址出土
残宽 12 厘米

檐口重唇板瓦（滴水）

考古编号：2020 宋六陵 S2E3T0609 ③
南宋
绍兴宋六陵二号陵园遗址出土
残长 21 厘米

檐口重唇板瓦（滴水）

考古编号： S2E1T1006 ①：1
南宋
出土地址：宋六陵二号陵园遗址出土
残长 20.2 厘米

檐口重唇板瓦（滴水）

考古编号：S2E3T0510 ①：2-1
南宋
绍兴宋六陵二号陵园遗址出土
残宽 22 厘米

檐口重唇板瓦（滴水）

考古编号：S2E3T0510 ①：2-2
南宋
绍兴宋六陵二号陵园遗址出土
残宽 10 厘米

瓦当

宋六陵一号和二号陵园遗址还出土有大量瓦当。瓦当即花头筒瓦（檐口筒瓦）的当面，各类花卉纹瓦当数量较多，题材丰富，主要有牡丹、菊花、荷花等，尚有部分花卉纹样无法辨认。外轮廓略微隆起，当面纹饰多数较为浅、平，有的还留有墨彩。

莲瓣纹瓦当

莲瓣纹瓦当有大小间错的 12 瓣或 14 瓣莲纹，亦有大小一致的 8 瓣莲纹。当面圆形，修整不甚规范。外廓与花瓣均隆起较高，有的中为圆形莲蓬，分布 6 粒或 7 粒莲子。

莲瓣纹瓦当

考古编号：S2E3T0707 ③：3
南宋
出土地点：绍兴宋六陵二号陵园遗址出土
直径 15 厘米

莲瓣纹瓦当

考古编号：S1E3T0908
南宋
绍兴宋六陵二号陵园遗址出土
直径 14 厘米

莲瓣纹瓦当

考古编号：S2E4T0402：5
南宋
绍兴宋六陵二号陵园遗址出土
残径 12.5 厘米

莲瓣纹瓦当

考古编号：2020 宋六陵 S2E3T0110 ② :3

南宋

绍兴宋六陵二号陵园遗址出土

残径 13.3 厘米

莲瓣纹瓦当

考古编号：2020 宋六陵 S2E4T0201 ② :1

南宋

绍兴宋六陵二号陵园遗址出土

直径 14 厘米

莲瓣纹瓦当

考古编号：2019 宋六陵 S2E3T107 ②
南宋
绍兴宋六陵二号陵园遗址出土
直径 13 厘米

牡丹纹瓦当

牡丹纹瓦当可分为大朵牡丹纹和折枝牡丹纹图案两大类。

牡丹纹瓦当

考古编号：TG13 ① : 3

南宋

绍兴宋六陵二号陵园遗址出土

直径 15 厘米

牡丹纹瓦当

考古编号：TG13①:2

南宋

绍兴宋六陵二号陵园遗址出土

残长 13.5 厘米，直径 13 厘米

牡丹纹瓦当

考古编号：S1E3T0910 ①：1

南宋

绍兴宋六陵二号陵园遗址出土

直径 13.5 厘米

牡丹纹瓦当

考古编号：S2E3T0205：19
南宋
绍兴宋六陵二号陵园遗址出土
直径 14 厘米

牡丹纹瓦当

考古编号：S2E3T0708 ③ :5
南宋
绍兴宋六陵二号陵园遗址出土
直径 14.5 厘米

牡丹纹瓦当

考古编号：2021 宋六陵二号陵园南部采集：13
南宋
绍兴宋六陵二号陵园遗址出土
直径 14 厘米

牡丹纹瓦当

考古编号：S2E4T0401 ① : 7
南宋
绍兴宋六陵二号陵园遗址出土
直径 12.5 厘米

牡丹纹瓦当

考古编号：TG16 ②
南宋
绍兴宋六陵二号陵园遗址出土
直径 12.5 厘米

牡丹纹瓦当

考古编号：2020 宋六陵 S2E3T0204：1
南宋
绍兴宋六陵二号陵园遗址出土
直径 14 厘米

牡丹纹瓦当

考古编号：2020 宋六陵 S2E3T0309 ② : 1
南宋
绍兴宋六陵二号陵园遗址出土
直径 15 厘米

牡丹纹瓦当

考古编号：2019 宋六陵 S2E3T0308 ②
南宋
绍兴宋六陵二号陵园遗址出土
直径 12.8 厘米

菊花纹瓦当

菊花纹瓦当图案可分为折枝菊花、团花、卷叶雏菊等几种。

菊花纹瓦当

考古编号：S2E3T0105：11

南宋

绍兴宋六陵二号陵园遗址出土

直径 14 厘米

菊花纹瓦当及线描图

考古编号：TG13 ①：1

南宋

绍兴宋六陵二号陵园遗址出土

直径 13 厘米

菊花纹瓦当

考古编号：S2E3T0105∶17

南宋

绍兴宋六陵二号陵园遗址出土

直径 12.8 厘米

菊花纹瓦当

考古编号：2018TG3 ①∶ 4

南宋

绍兴宋六陵一号陵园遗址出土

残径 13 厘米

菊花纹瓦当

考古编号：S2E3T0105G2
南宋
绍兴宋六陵二号陵园遗址出土
直径 13 厘米

菊花纹瓦当

考古编号：S2E3T0608 ③ :1
南宋
绍兴宋六陵二号陵园遗址出土
直径 13 厘米

菊花纹瓦当

考古编号：2018S3E1T0406 ① :3
南宋
绍兴宋六陵一号陵园遗址出土
直径 13 厘米

菊花纹瓦当

考古编号：S2E3T0106：15
南宋
绍兴宋六陵二号陵园遗址出土
直径 12.5 厘米

荷花纹瓦当

荷花纹瓦当图案为一支荷叶与一朵盛开荷花的组合。

荷花纹瓦当

考古编号：S2E4T0301 ① : 9
南宋
绍兴宋六陵二号陵园遗址出土
直径 13 厘米

荷花纹瓦当

考古编号：S2E3T0508 ② : 1
南宋
绍兴宋六陵二号陵园遗址出土
直径 13 厘米

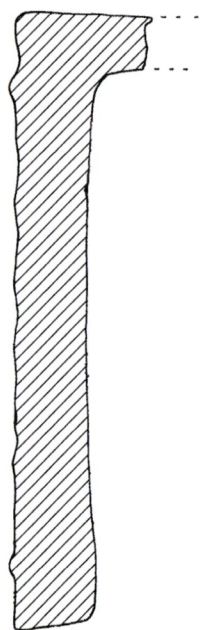

花卉纹瓦当及线描图

考古编号：2020 宋六陵 S2E3T0508 ④：21

南宋

绍兴宋六陵二号陵园遗址出土

直径 13.5 厘米

花卉纹瓦当

考古编号：S2E3T0105:13
南宋
绍兴宋六陵二号陵园遗址出土
直径 13 厘米

花卉纹瓦当

考古编号：S2E3T0107 ② :16
南宋
绍兴宋六陵二号陵园遗址出土
直径 14.4 厘米

花卉纹瓦当

考古编号：S2E3T0708 ③ : 6
南宋
绍兴宋六陵二号陵园遗址出土
直径 13 厘米

花卉纹瓦当

考古编号：S2E3T0105：15
南宋
绍兴宋六陵二号陵园遗址出土
直径 13.4 厘米

花卉纹瓦当

考古编号：S2E4T0301 ② :1
南宋
绍兴宋六陵二号陵园遗址出土
直径 14.2 厘米

花卉纹瓦当

考古编号：2020 宋六陵二号陵园
S2E3T0707 ③ :3
南宋
绍兴宋六陵二号陵园遗址出土
直径 12 厘米

花卉纹瓦当

考古编号：2020 宋六陵 S2E3T0110 ② :2
南宋
绍兴宋六陵二号陵园遗址出土
直径 12 厘米

花卉纹瓦当

考古编号：2020 宋六陵 S2E4T0101 ② :5
南宋
绍兴宋六陵二号陵园遗址出土
直径 14 厘米

其他屋顶瓦饰

瓦作龙纹装饰构件

考古编号：S1E3T0908 ① :6
南宋
绍兴宋六陵二号陵园遗址出土
残长 23.5 厘米，残宽 17.5 厘米

瓦作装饰构件

考古编号：S1E3T0906 ③ :2
南宋
绍兴宋六陵二号陵园遗址出土
残长 23.5 厘米

瓦作带孔装饰构件

考古编号：S2E3T0307 ② :4

南宋

绍兴宋六陵二号陵园遗址出土

残长 9 厘米

瓦作装饰构件

考古编号：2020 宋六陵 TG6 ② : 4

南宋

绍兴宋六陵二号陵园遗址出土

残长 22 厘米

瓦作角形构件

考古编号：2020 宋六陵 TG2 ②：1
南宋
绍兴宋六陵二号陵园遗址出土
残长 23 厘米

瓦作装饰构件

考古编号：S2E3T0707 ③：2
南宋
绍兴宋六陵二号陵园遗址出土
残长 23 厘米

瓦作建筑装饰构件

考古编号：S2E4T0402:12
南宋
绍兴宋六陵二号陵园遗址出土
残长 32 厘米

瓦作装饰构件

考古编号：S2E3T0508 ③ :18-1
南宋
绍兴宋六陵二号陵园遗址出土
残长 12 厘米

瓦作装饰构件

构件上可见鱼鳞纹和圆形孔洞。

考古编号：S2E3T0108 ② : 3
南宋
绍兴宋六陵二号陵园遗址出土
残长 11.5 厘米

瓦作装饰构件

考古编号：2020 宋六陵 S1E3T1010 ② :3
南宋
绍兴宋六陵二号陵园遗址出土
残长 11 厘米

瓦作装饰构件

考古编号：2021 宋六陵 S1E3T0908 ① :1
南宋
绍兴宋六陵二号陵园遗址出土
残长 11 厘米

瓦作装饰构件

考古编号：2021 宋六陵 S2E3T0810 ② :2

南宋

绍兴宋六陵二号陵园遗址出土

残长 24 厘米

瓦作"王"字款构件

考古编号：2022 宋六陵二号陵园
S2E3T0710 ②

南宋

绍兴宋六陵二号陵园遗址出土

残长 21 厘米

瓦作装饰构件

考古编号：2019 宋六陵 S2E3T0105
南宋
绍兴宋六陵二号陵园遗址出土
残长 17 厘米

瓦作装饰构件

考古编号：2021TG10 ① :2
南宋
绍兴宋六陵二号陵园遗址出土
残长 11.5 厘米

砖作构件

花卉纹砖残件

考古编号：2020 宋六陵
　　　　　　S2E3T0606
南宋
绍兴宋六陵二号陵园遗址北侧
挖机清①层出土
残长 18 厘米

如意纹砖残件

考古编号：2021 宋六陵
　　　　　　S2E4T0501 ①：12
南宋
绍兴宋六陵二号陵园遗址出土
残长 8 厘米

开光花卉纹砖残件

考古编号：2021 宋六陵
　　　　　　S2E4T0502 ② :4
南宋
绍兴宋六陵二号陵园遗址出土
残长 14.5 厘米

铭文砖残件

考古编号：2019 宋六陵
　　　　　　S1E3T1006 ②
南宋
绍兴宋六陵二号陵园遗址出土
残长 20 厘米，宽 17 厘米，厚 6 厘米

有铭文，文字不可辨。

编号砖

砖的侧面有"十"字形模印编号。

考古编号：2020 宋六陵二号陵园
　　　　　　S2E3T0109 内
南宋
绍兴宋六陵二号陵园遗址出土
长 32 厘米 宽 16 厘米 厚 6 厘米

石作构件

　　宋代石作构件主要用于建筑的阶基部分，如柱础、角石、角柱、叠涩座、地面石、踏道、钩阑、门砧等。此外还有一些石刻品与石构筑物，主要是房屋以外的用石，如流杯渠、石拱券、水槽子、马台、井口石、幡竿颊、碑碣等。全部石造的建筑物多为佛塔、经幢、墓室和桥梁，但《营造法式》未及这些石建筑。宋六陵遗址出土的石作构件主要是用于建筑阶基部分的柱础、钩阑以及房屋以外的水槽子等。

柱础

　　《营造法式》卷三对柱础解释道："其名有六：一曰础，二曰椹（礩），三曰碣，四曰磌，五曰碱，六曰磉，今谓之石碇。""造柱础之制，其方倍柱之径。"因此，根据宋六陵出土的柱础直径，可推算出柱径的尺寸。

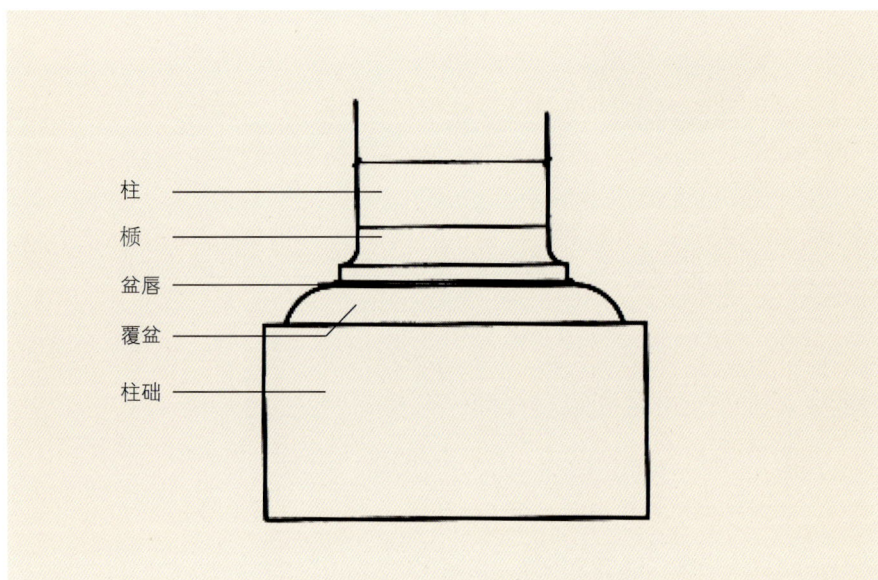

宋代柱础的结构示意图（选自潘西谷、何建中著《〈营造法式〉解读》194 页插图）

石柱础

考古编号：2019S1E3T0907G1:3
南宋
绍兴宋六陵二号陵园遗址出土
直径 30 厘米，底径 33 厘米，高 37.5 厘米

石柱础

考古编号：2019S1E3T0907 ① :6
南宋
绍兴宋六陵二号陵园遗址出土
直径 30 厘米，底径 33 厘米，高 37 厘米

钩阑（勾栏）望柱

此处的"钩阑"是指石栏杆。在宋代，石栏杆望柱较稀疏，两柱间距较大，两片钩阑对接需用榫卯结合，而栏板固定于地面则主要依靠下面螭子石的承托。

宋六陵遗址二号陵园区中发现一对石望柱。两根望柱基本完整，呈方柱形，雕琢简单，柱与望柱头间以三道内凹的浅雕线作区分，望柱头也浅浅地线刻仰莲纹。其中一根柱子高 121 厘米；另一根有残损，高只有 113 厘米。两根柱子两侧都有菱形的卯孔，两根柱子卯孔对应的空缺部分应是安装寻杖、栏板、地栿等构件的位置。每个卯孔的边长 4 厘米—5 厘米不等。其中一侧上下排列两个卯孔，两卯孔中心间隔 35 厘米，最上一个卯孔中心位置至望柱头顶部有 24.5 厘米；另一侧共有三个卯孔，其中下方两个卯孔排列紧密，最上一个卯孔中心至望柱顶部为 22 厘米，上部卯孔中心至第二个卯孔中心间距 32 厘米。可见柱与柱之间安装的构件组合及尺度不完全一致。

《营造法式》卷三载有石作栏杆的具体尺度及构造做法，在《营造法式》卷三十二中有单撮项钩阑和重台瘿项钩阑的图示，根据图示及同时期绍兴兰若寺大墓出土的陶制钩阑构件以及石望柱，大致可复原宋六陵遗址出土的钩阑的尺度及式样。但若将目前宋六陵遗址出土的石望柱构件与兰若寺大墓出土的石望柱对比，明显其造型及雕饰要简朴得多，这或许也进一步说明了宋六陵的攒宫性质。这对石望柱也许是宋六陵早期营造时的遗留物。

《营造法式》中的钩阑图示

石作制度圖樣三

重臺鈎闌

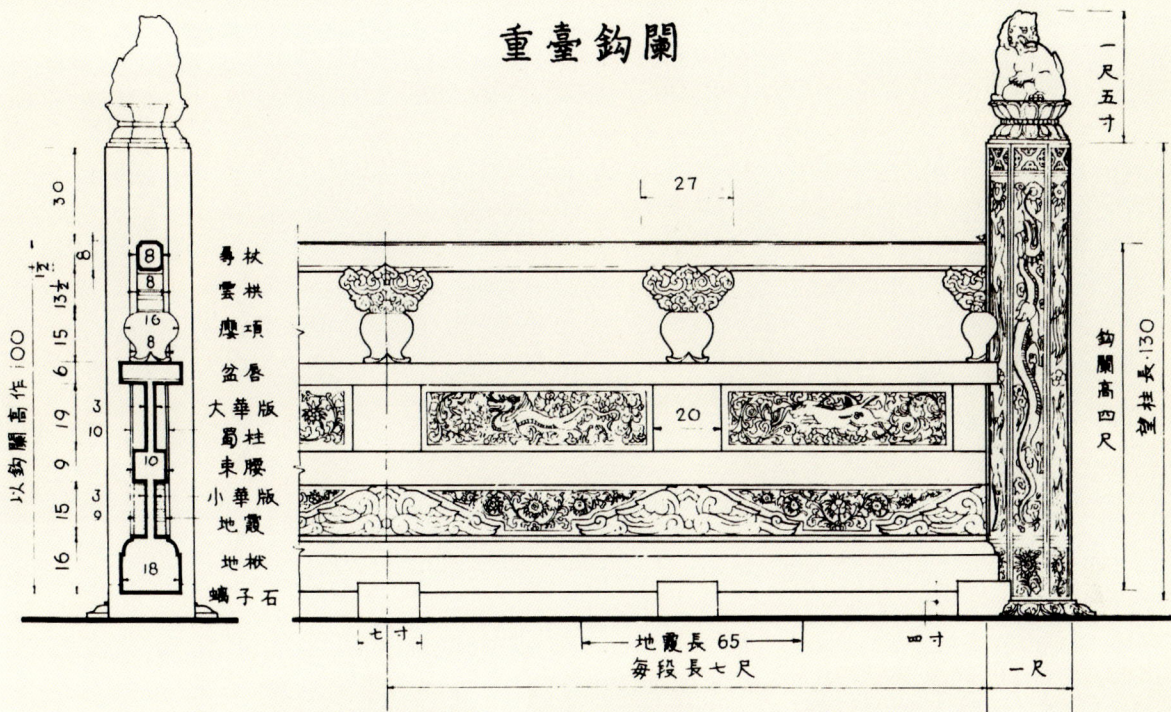

單鈎闌

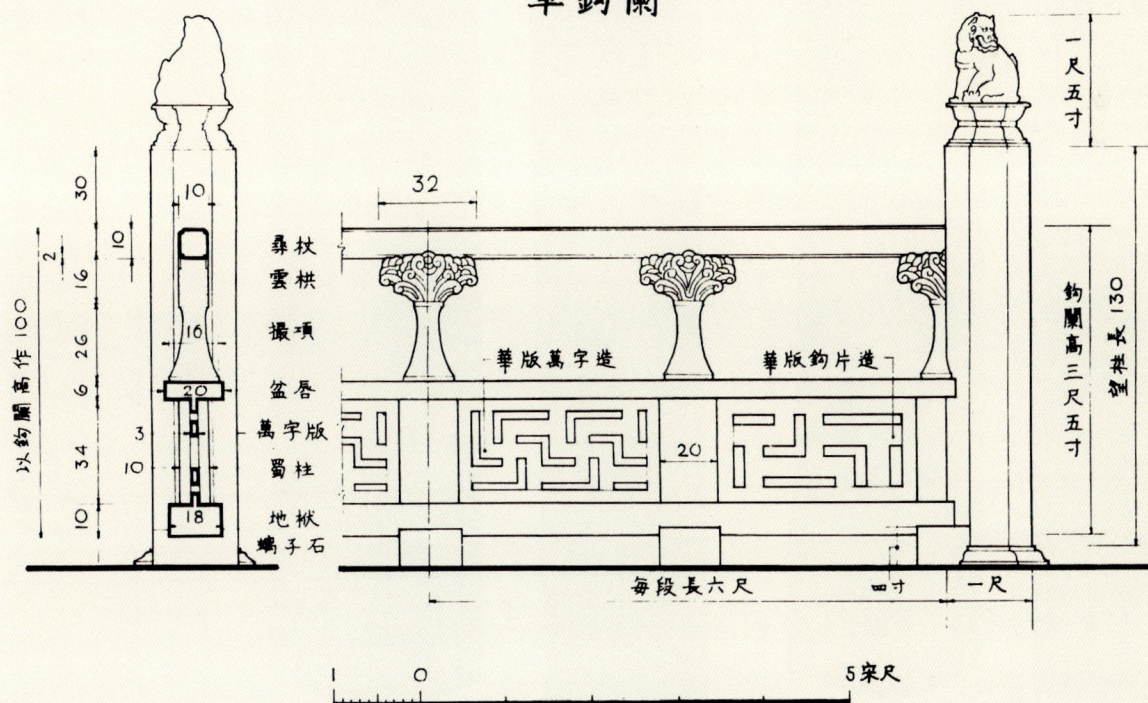

展厅陈列复原情况

石望柱 A

石望柱 B

石望柱（一对）

考古编号：S2E4T0703
南宋
绍兴宋六陵二号陵园遗址
出土

石望柱 A
边长 18 厘米，边宽 18 厘米，
高 121 厘米

石望柱 B
边长 18 厘米，边宽 18 厘米，
高 113 厘米

此残损构件的造型与《营造法式》卷三十二所绘钩阑中的望柱头极为相似，且从尺寸来观察两者也颇为相符。按《营造法式》中的图示，望柱头中部为椭圆形连珠纹束腰，上下均为盛开的花朵形，望柱头顶部平整。故推测此石构件或为完整望柱头的上部。

望柱头残件

考古编号：S2E3T0308②:2
南宋
绍兴宋六陵二号陵园遗址出土
残高14厘米，直径13厘米

绍兴兰若寺大墓出土陶制钩阑构件拼接图
（一副）

考古编号：
望柱：(T1906②:77、T1906②:79 两号拼接，
M1 采:6、T1905②:163 两号拼接)
望柱头：T1906②:44、T1705②:70
寻杖：T1806①:176、T1906②:91
镂空"卍"字纹华板：T1905②:537
整蜂项：T1905②:159
半蜂项：T1905②:154、T1905②:148

绍兴兰若寺大墓出土石望柱残件

考古编号：T1407①下 J1:4
残高42厘米，望柱头直径24厘米

望柱头
（选自《故宫博物院藏清初影宋钞本营造法式》
850 页）

水槽

水槽以整块石料凿成。《营造法式》卷三："造水槽之制：长七尺，方二尺，每广一尺唇厚二寸，每高一尺底厚二寸五分，唇内底上并为槽内广深。"

水槽

考古编号：一号陵园门殿 F2H2：3
南宋
绍兴宋六陵一号陵园遗址出土
残长 56 厘米，宽 25 厘米，高 18 厘米

其他石构件

石构件

南宋
绍兴宋六陵一号陵园遗址出土
残长 41 厘米，宽 35 厘米，高 25 厘米

"常"字铭文石构件

考古编号：2019 宋六陵 S2E3T0307 ④

南宋

绍兴宋六陵二号陵园遗址出土

直径 9 厘米，残高 11 厘米

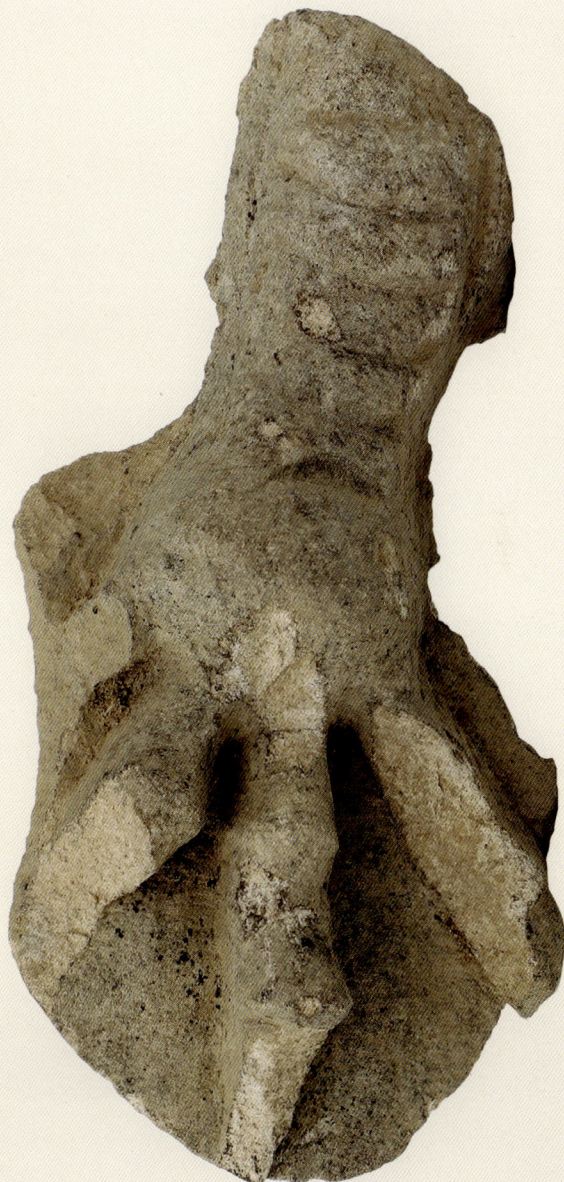

龙爪装饰石构件

考古编号：2021 宋六陵 S2E3T0601 ② :2

南宋

绍兴宋六陵二号陵园遗址出土

残长 12 厘米

狮头石构件

考古编号：S2E3T0108F1
南宋
绍兴宋六陵二号陵园遗址东侧边缘扰沟内出土
直径 17 厘米

圆雕，仅存狮头。狮头双目圆睁，鼻孔朝上，龇牙咧嘴。双眉紧凑相连，两端呈螺
旋纹状，双耳两侧毛发卷曲亦呈三螺旋纹状，其余毛发从头顶后部下垂，微微卷曲。毛
发线条刻划清晰。

四方汇聚的陶瓷艺术

宋六陵遗址发现的瓷器虽损毁严重，但包括龙泉窑、吉州窑、景德镇窑等南宋时期南方地区重要的瓷窑产品，釉色有青瓷、白瓷、青白瓷、黑釉瓷等；从功能及造型区分，包括瓶类、炉类、花盆、碗、盘、盏、洗、罐等陈设器物及日用器皿，且种类丰富，与遗址的性质、功能密切相关。从目前的出土情况来看，瓷器的时代跨度从南宋延续至元代，以龙泉窑青瓷数量为多，其中南宋中晚期的龙泉窑青釉瓷器品质较高，为南宋宫廷用瓷的重要代表。通过这些出土器物，不仅能一窥南宋最高品质瓷器的烧造技术，也能如临现场般感受陵园内常年不绝的供奉礼仪活动以及各司其职者的日常生活，再现出一个真实的皇家陵园。

本书收录的瓷器按釉色及时代先后顺序编排。

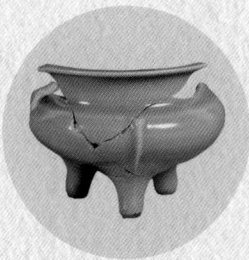

青瓷

　　宋六陵遗址发现之青瓷器均为残件。经过修复、观察、比对，并与其他遗址出土的同时期、同类遗物比较后得出，青瓷类器物有瓶、炉、碗、洗、杯、盘等。大多数属于龙泉窑产品，其中瓶、炉类器物的品质较高，类型也多，基本属于龙泉窑南宋中后期的产品。可辨认的瓶类有凤耳折肩瓶、长颈贯耳瓶、双耳带环瓶、长颈小鼓腹瓶等；香炉类器物也较为丰富，有鼎式炉、鬲式炉、樽式炉等。南宋时期的产品胎色灰白，釉色有粉青、青绿、淡青等，色泽温润，粉青釉玉质感强，青绿色釉透亮；元代产品胎体厚重，釉色呈现艾青色。碗类也是一大宗，基本为敞口碗，时代大多介于宋元交替之时或元代，其中有些碗内壁有篦划纹和刻划花纹，但质地大都较为粗糙，不精致，釉色偏黄，有龙泉窑产品，也有东南地区其他窑场的产品。此外，还有元代的典型器龙泉窑高足杯。

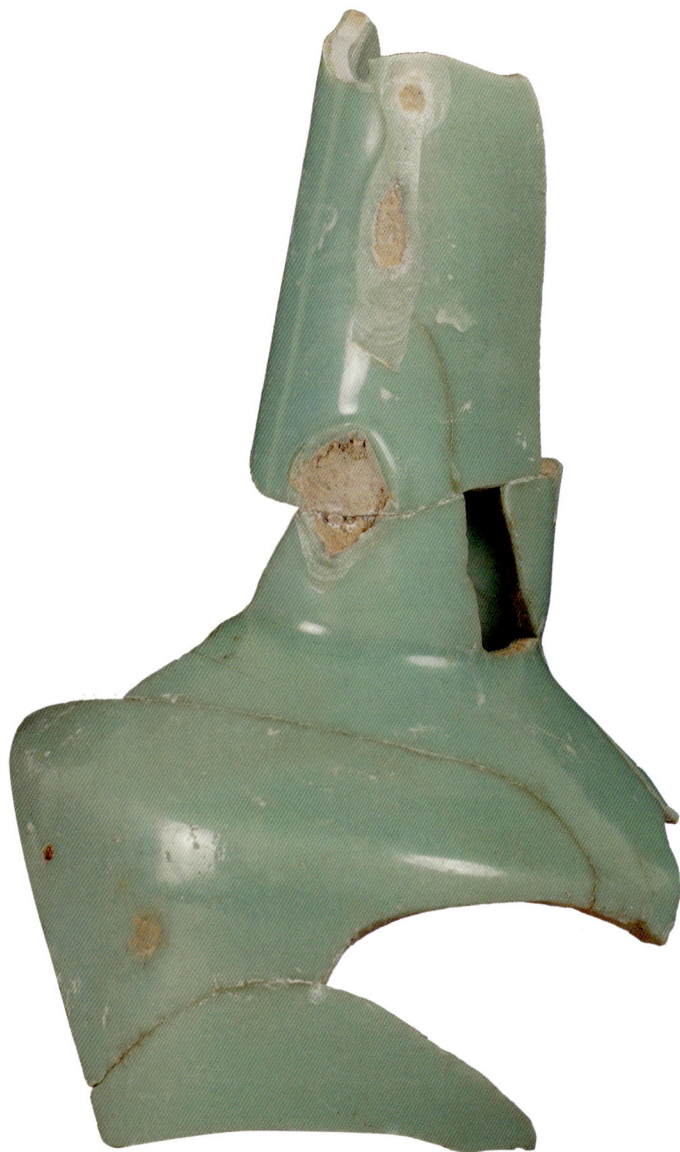

龙泉窑青瓷瓶残件

考古编号：S1E3T0909 ② :13
南宋
绍兴宋六陵二号陵园遗址出土
残高 20.5 厘米

　　由四片碎片拼接而成，可见长颈、折肩的形态。胎色灰白，釉色粉青，温润如玉。在颈部外侧可见断裂的痕迹。根据遗留痕迹及器形推测，此残件的完整器或为凤耳瓶。

龙泉窑青瓷凤耳瓶残件

考古编号：S1E3T0909 ② :12
南宋
绍兴宋六陵二号陵园遗址出土
残高 18.5 厘米

　　残存肩颈部位。直颈，折肩。颈部饰凤耳一对，一耳缺。凤耳以模印成型，凤眼、口喙、凤冠之印纹清晰可辨。灰白色胎，通体施粉青釉，釉色青翠莹润，造型端秀典雅。

　　凤耳瓶是南宋龙泉窑青瓷中的经典瓶式之一。凤耳瓶传世及出土数量都不少，故宫博物院、台北故宫博物院等多个文物机构均有收藏，1976 年的韩国新安海底沉船遗物中也有发现。其中 1983 年松阳县西屏镇道班工地出土的一件南宋龙泉窑青釉凤耳瓶，目前收藏于丽水市松阳县博物馆，其尺寸口径 9.8 厘米、底径 10.2 厘米、高 27 厘米，可与宋六陵遗址出土的这件标本参考比对。

南宋龙泉窑青瓷凤耳瓶
浙江省丽水市松阳县博物馆藏

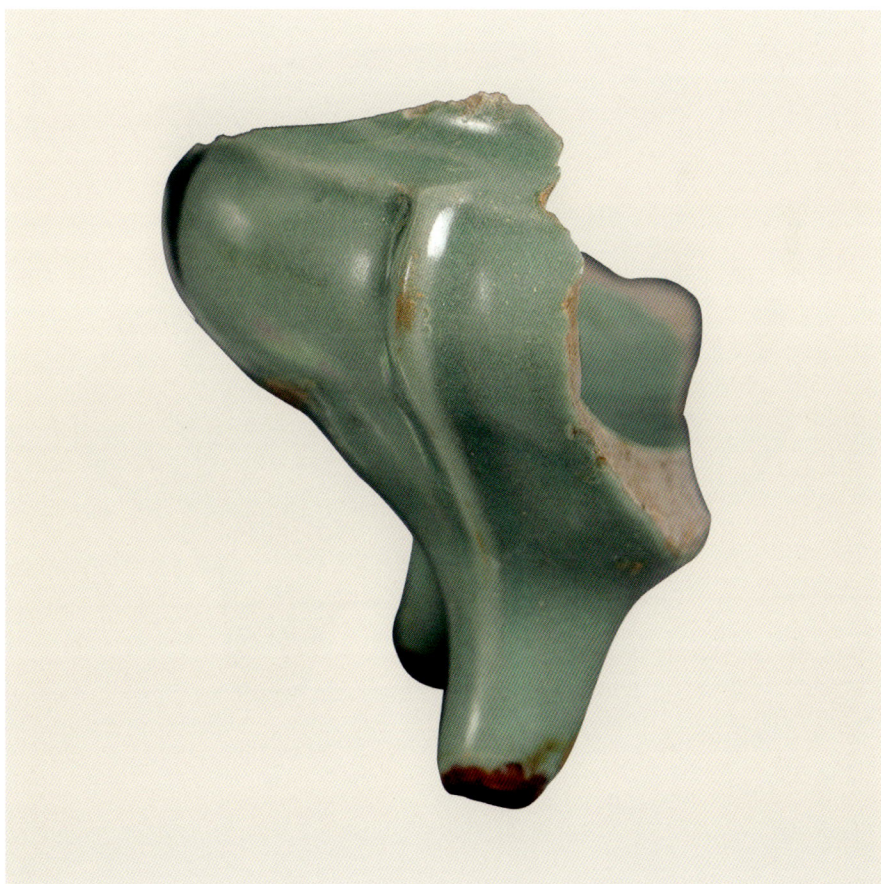

龙泉窑青瓷鬲式炉残件

考古编号：2020 宋六陵
　　　　　S1E3T0809：2
南宋
绍兴宋六陵二号陵园遗址出土

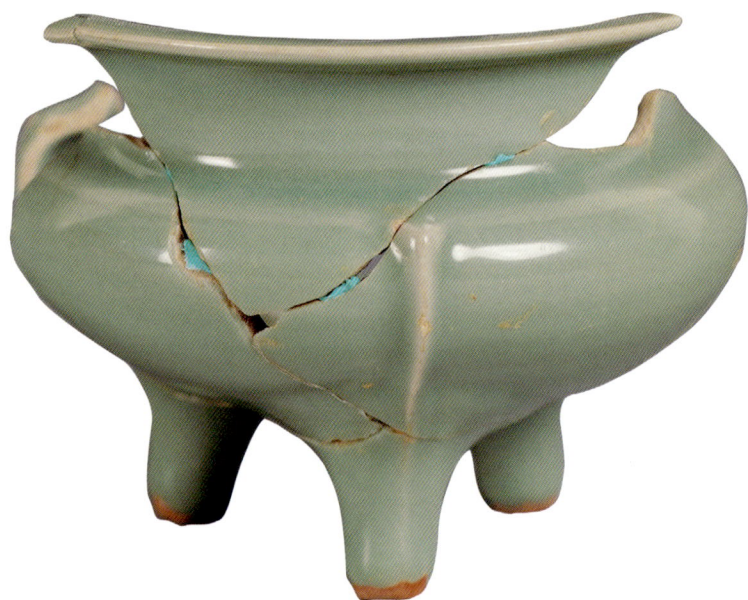

龙泉窑青瓷鬲式炉残件

考古编号：S1E3T0909 ② :14
南宋
绍兴宋六陵二号陵园遗址出土
残高 11.5 厘米

南宋龙泉窑青瓷鬲式炉
四川省遂宁金鱼村窖藏出土

斜折沿，短直颈，鼓腹较扁，腹径略大于口径，下承接三个锥形足。炉内承接三足之处对应三个下陷的圆形孔，呈"品"字形分布。肩部饰凸起弦纹一道，腹部与三足对应处饰三道扉棱，呈现出些许白色，俗称"出筋"，是龙泉窑较为典型的装饰手法。通体施青绿色釉，釉色莹润似水，三足底端未施釉，呈火石红色。鬲式炉仿商周青铜鬲的造型，反映了当时的尚古之风。

此类鬲式炉也是南宋中晚期至元代早期龙泉窑青瓷中的典型器形，有完整的出土器。目前出土的纪年最早的龙泉窑鬲式炉为1229年，是浙江省金华市钱塘县尉童栓墓的鬲式炉[1]。此外，龙泉大窑枫洞岩窑址元代早期地层（TN10W3③S）[2]以及韩国新安沉船中均发现过此类鬲式炉。枫洞岩窑址出土的鬲式炉相对粗糙，胎体厚重，三足较南宋时期的粗壮；新安沉船中的龙泉窑鬲式炉有些时间上限或许要早[3]。

这里以四川省遂宁金鱼村南宋瓷器窖藏出土的鬲式炉为例作一比较。遂宁金鱼村南宋窖藏曾出土5件三种尺寸规格不一的龙泉窑青瓷鬲式炉[4]，其中最大的一类高度为16.4厘米，中等尺寸的高度为12.6厘米，可与宋六陵遗址出土的这件标本参考比对。

1 冯泽洲：《龙泉窑分期研究——以纪年瓷为中心》，复旦大学硕士论文，2014年，第54页。
2 浙江省文物考古研究所、北京大学考古文博学院、龙泉青瓷博物馆编：《龙泉大窑枫洞岩窑址》（上），文物出版社，2015年，第378—379页。
3 冯泽洲：《龙泉窑分期研究——以纪年瓷为中心》，复旦大学硕士论文，2014年，第55页。
4 杭州南宋官窑博物馆编：《蜀地遗珍：四川遂宁金鱼村南宋窖藏瓷器精品展》，中国国际出版社，2013年，第85页。

龙泉窑青瓷鼎式炉残件

考古编号：S1E3T0909②
南宋
绍兴宋六陵二号陵园遗址出土
口径 20 厘米，底径 7.3 厘米，高 15 厘米

残件修补。小折沿，口沿两侧原立有两方形立耳，局部修复。短颈，鼓腹，平圜底，原有三足，仅存一足痕迹。胎色灰白，底部呈火石红色，施淡青色釉，釉色泛白，发色莹亮，釉层薄，开片纹大。造型简洁大气，古朴敦厚。

龙泉窑青瓷八卦纹樽式炉残件

考古编号：S2E3T0510 ①：5-1
南宋一元
绍兴宋六陵二号陵园遗址出土
残高 15 厘米

元代龙泉窑青瓷八卦纹樽式炉
1984 年浙江青田县前路街元代窖
藏出土

　　因仿汉代青铜酒器樽得名。仅存三分之一炉身残片，可见宽唇内折，平沿，直筒腹，残留部分褐色炉底，三足失。此件标本的釉色呈淡青绿色，炉口及炉底均装饰弦纹两道，腹部装饰八卦纹，凹凸感强。

　　目前纪年最早的龙泉窑樽式炉为浙江丽水李垕妻墓（1222）出土的龙泉窑青瓷菊花鼓钉纹贴花樽式炉。[1] 装饰八卦纹的龙泉窑青瓷樽式炉在龙泉大窑枫洞岩窑址南宋晚期至元代早期地层有标本出土[2]，韩国新安沉船及国内元代窖藏也有出土[3]。就目前出土纪年资料及出土遗物排比可知，此类樽式炉的器壁特征由从早期垂直慢慢向后期外撇转变。此外，还有一大特征为龙泉窑早期的樽式炉均三足着地，底部悬空；之后有底部着地，三足悬空的现象[4]。

1　浙江省博物馆编：《青色流年：全国出土浙江纪年瓷图集》，文物出版社，2017 年，第 227 页。
2　浙江省文物考古研究所、北京大学考古文博学院、龙泉青瓷博物馆编：《龙泉大窑枫洞岩窑址》（上、下），文物出版社，2015 年，第 382—389 页。
3　王友忠：《浙江青田县前路街元代窖藏》，《考古》，2001 年第 5 期。
4　冯泽洲：《龙泉窑分期研究——以纪年瓷为中心》，复旦大学硕士论文，2014 年，第 70 页。

龙泉窑青瓷弦纹樽式炉残件

考古编号：S2E3T0510 ①：5-2
南宋
绍兴宋六陵二号陵园遗址出土

龙泉窑青瓷瓶底残件

考古编号：S2E3T0510 ①：8
南宋
绍兴宋六陵二号陵园遗址出土

龙泉窑青瓷带环双耳瓶残件

考古编号：2019 宋六陵 S2E3T0503
南宋
绍兴宋六陵二号陵园遗址出土

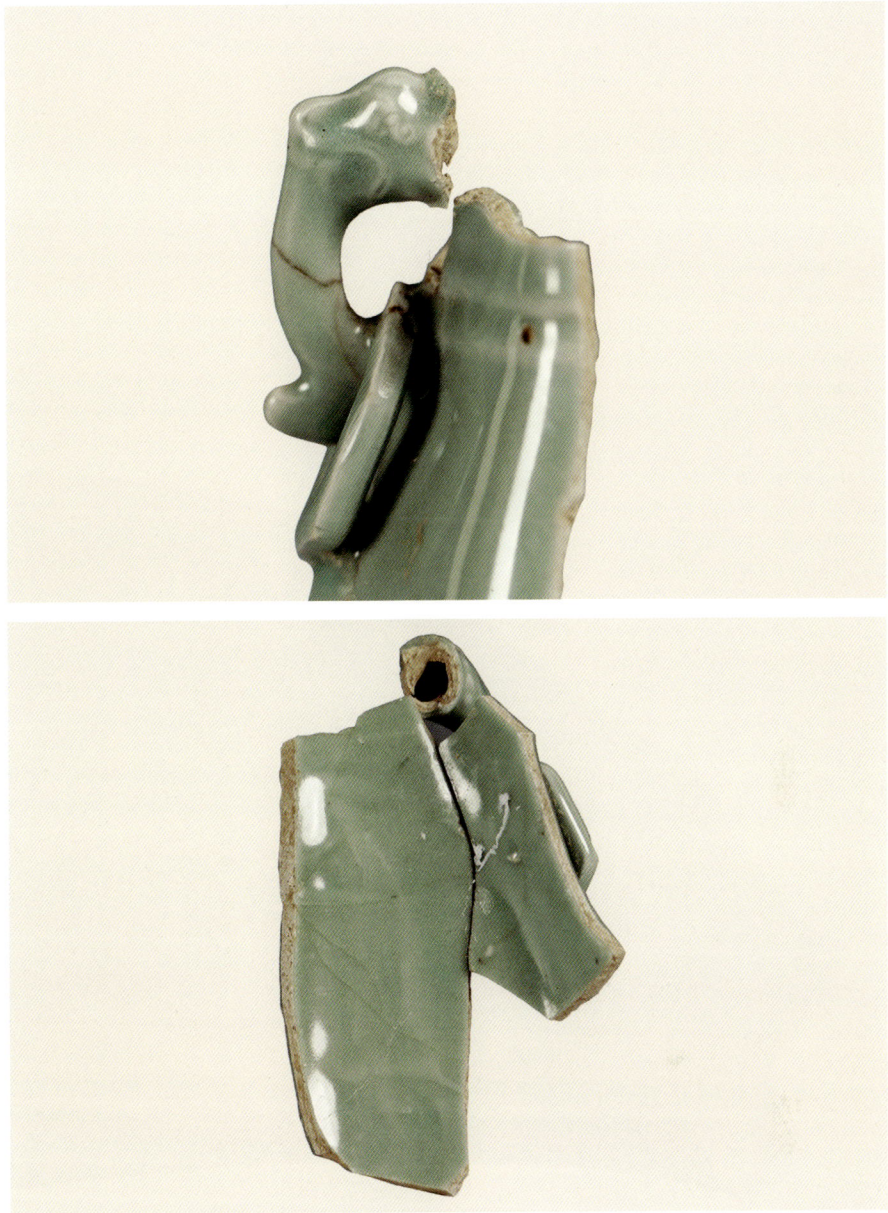

　　此残件仅存瓶身局部，肩部可见两道弦纹，一侧留有中空螭龙形耳，螭龙头部模印，作张嘴状，尾部呈"S"形，耳下套一六边形环，环黏贴于瓶的肩部。胎色灰白，釉色青绿明亮。

　　龙泉窑青瓷带环双耳瓶目前可见最早纪年之作为浙江丽水叶梦登妻潘氏墓（1275）出土龙泉窑青瓷六角瓶[1]。此瓶作为仿青铜器造型，体现了当时的尚古之风。龙泉窑带环双耳瓶从南宋晚期直至元明时期均可见[2]。

1　浙江省博物馆编：《青色流年：全国出土浙江纪年瓷图集》，文物出版社，2017年，第287页。
2　浙江省文物考古研究所、北京大学考古文博学院、龙泉青瓷博物馆编：《龙泉大窑枫洞岩窑址》（上、下），文物出版社，2015年，第360页。

龙泉窑青瓷器底标本

考古编号：S2E3T0S10 ①：5-5
南宋
绍兴宋六陵二号陵园遗址出土

青瓷篦划纹碗（修复）

考古编号：2020 宋六陵 S1E4T0901 ② :4
南宋—元
绍兴宋六陵二号陵园遗址出土
口径 15 厘米，高 5.5 厘米

敞口，斜弧腹，圈足内凹。底部足圈较宽，底中央呈圆形饼状凸起。胎色灰白，底部胎局部呈橘红色。外罩一层呈乳浊状的青釉，釉层较厚。釉色发白，微微透出青色。碗内底隐约可见篦划纹，釉不及底。

青瓷篦划纹碗（修复）

考古编号：2020 宋六陵 S2E4T0202 ②；4
南宋一元
绍兴宋六陵二号陵园遗址出土
口径 17 厘米，足径 5.5 厘米，高 7 厘米

敞口，深弧腹，圈足。外罩青黄釉，釉面有明显开片。内壁接近口沿处有一周弦纹，内腹部装饰篦划纹。

篦划纹是用篦状工具划刻出的细密平行线条纹，在瓷器装饰上被大量采用。从北宋晚期开始，浙江龙泉窑开始烧造此类篦划纹产品，同时浙江其他地区及福建、江西地区的窑场也可见此类篦划纹装饰。至宋元之际，此类装饰仍盛行于东南沿海地区的窑场，在青瓷和青白瓷中最为多见[1]。

此类带有篦划纹的青瓷在宋元之际也是外销瓷中的大宗商品，被日本茶人称为"珠光青瓷"。[2]

1　故宫博物院、浙江省博物馆、丽水市人民政府编：《天下龙泉：龙泉青瓷与全球化国际学术研讨会论文集》，文物出版社，2021年，第2页。

2　邓禾颖、方忆：《南宋陶瓷史》，上海古籍出版社，2013年，第294—295页。

青瓷划花卷草纹碗（修复）

考古编号：T0201

南宋—元

绍兴宋六陵二号陵园遗址出土

足径 7.5 厘米，高 8.5 厘米

敞口外撇，深弧腹，圈足。外罩青黄釉，釉面有明显开片，呈红褐色。底部呈火石红现象，并有明显的螺旋纹及刮胎痕。碗内壁隐约在釉层之下可见划花卷草纹，划花线条较为流畅，采用侧锋。

青瓷碗（修复）

考古编号：2020 宋六陵二号陵园上 S2E4T0201

元

绍兴宋六陵二号陵园遗址出土

口径 21 厘米，足径 7.5 厘米，高 8.5 厘米

龙泉窑青瓷洗（修复）

考古编号：S2E4T0502：5
南宋—元
绍兴宋六陵二号陵园遗址出土
口径 12.5 厘米，足径 6.5 厘米

折沿，浅腹，圈足。外罩青釉，釉层有明显开片；足部釉不匀，底部不施釉，可见火石红色。

龙泉窑青瓷印花纹碗残件

考古编号：S2E4T0402:16

元

绍兴宋六陵二号陵园遗址出土

足径 7.5 厘米

胎色灰白，外罩青黄釉。碗内底一圈弦纹，内心模印一朵莲花纹；底部无釉，浅圈足。制作不甚精致。

青瓷洗（修复）

考古编号：S2E4T0202 ② :3
南宋—元
绍兴宋六陵二号陵园遗址出土
口径 12.5 厘米，底径 5 厘米，高 3.5 厘米

敞口，斜弧腹，平底内挖足，内墙较浅。通体施青釉，釉色青黄；釉层较薄，较涩。底部露胎，可见垫烧痕迹。口沿及近底部可见一周弦纹。

龙泉窑青瓷瓶残件（修复）

考古编号：S1E3T0909①：2

元

绍兴宋六陵二号陵园遗址出土

足径 8 厘米，残高 23 厘米

口沿、足底缺，存颈部、腹部和足部。长颈，腹部鼓，至底部渐收。胎体厚重。胎色灰白，足部一周侧削，形成一定角度，呈现火石红色。外罩青釉，釉层均匀，釉色较深沉。

龙泉窑青瓷碗（修复）

考古编号：S2E4T0202 ② :5

元

绍兴宋六陵二号陵园遗址出土

口径 17.4 厘米，足径 6 厘米，高 6.3 厘米

口沿外撇，斜弧腹，圈足。艾青色釉，足部釉不匀。底部露胎，呈火石红色。

龙泉窑青瓷高足杯（修复）

考古编号：2020 宋六陵 S2E3T0609K1：4
元
绍兴宋六陵二号陵园遗址出土
足径3.5厘米，高8厘米

此高足杯为元代典型器。此杯敞口，深弧壁，底部承接小喇叭底高足，足底内凹，中有孔洞。口沿之下有三道弦纹，足底一周有火石红痕。施青釉，通体开片呈红褐色，有金丝之感。

龙泉窑青瓷高足杯残件

考古编号：S2E3T0402:30
元
绍兴宋六陵二号陵园
口径10.5厘米，底径3.4厘米，高8厘米

杯敞口外撇，深弧腹，底部接小喇叭底高足。胎色灰白，釉色为淡青色，比较滋润。造型与纪年1322年的甘肃漳县汪世显家族墓M9出土的龙泉窑青瓷高足杯十分接近[1]。

1　浙江省博物馆编：《青色流年：全国出土浙江纪年瓷图集》，文物出版社，2017年，第308页。

陶瓮（带青瓷小碟盖）

考古编号：TG15K1

元—明

绍兴宋六陵二号陵园遗址出土

瓮高 30 厘米

青瓷碟口径 16 厘米，足径 6 厘米，高 3.2 厘米

　　疑似瓮棺葬。出土时青瓷碟盖于陶瓮口部。陶瓮唇口，肩部有折痕，腹部圆润，腹部以下弧度渐收，小平底。胎质灰黄，素胎无釉。青瓷碟小折沿，斜弧腹，矮圈足，外罩青黄色釉，釉色不匀，底部火石红。

瓷器标本一组

龙泉窑青瓷印花碗残件

南宋一元

龙泉窑青瓷印花碗残件

南宋—元

龙泉窑青瓷贯耳瓶耳部残件

南宋

南宋龙泉窑青瓷贯耳瓶
四川遂宁金鱼村窖藏出土

元代龙泉窑青瓷贯耳瓶
浙江省杭州市元大德六年（1302）
鲜于枢墓出土

　　圆筒形，中空，单侧无釉露胎，有黏连痕。胎色白，釉色青绿明亮。根据形状大小及制作工艺分析，其或为长颈圆腹贯耳瓶的双耳。此类瓶在四川遂宁金鱼村南宋晚期瓷器窖藏及元代鲜于枢墓中均有出土。[1]

1　杭州南宋官窑博物馆编：《蜀地遗珍：四川遂宁金鱼村南宋窖藏瓷器精品展》，中国国际出版社，2013年，第115页；浙江省博物馆编：《青色流年：全国出土浙江纪年瓷图集》，文物出版社，2017年，第303—305页。

白瓷

　　宋六陵遗址发现之白瓷器均为残件。可辨认出的器类主要是花盆。花盆体形较高，直筒形，均为弦纹樽式炉型。这些器物的胎体都白中泛黄，釉色白中闪青，釉层较薄且不匀，多数施釉不及底。特征与浙江省湖州凡石桥遗址出土的部分产品接近。

白釉弦纹樽式炉花盆（修复）

口部残，筒形直腹，底部斜收至中部。小平底，中部有一圆孔。足部仅存一简化兽足，足外撇。腹部上下两端各有两道凸起的弦纹，底部斜收处有一周斜跳刀装饰。外罩白釉，釉色白中泛青色；尤其是腹部上下的弦纹处有明显积釉，呈青灰色，釉不及底。白胎，露胎处部分呈橘红色。

考古编号：S1E4T0801②:15
南宋
绍兴宋六陵二号陵园遗址出土
残高 16 厘米

S1E4T0801 ②：5-2

S1E4T0801 ②：5-4

白釉弦纹樽式炉花盆残片

考古编号：

S1E4T0801 ②：5-2

S1E4T0801 ②：5-4

南宋

绍兴宋六陵二号陵园遗址出土

　　此组白釉弦纹奁式花盆残片共有两个考古编号，依稀可拼凑出器物的部分样貌。直口，平沿内折，筒形直腹，至底部斜收，底部及足部缺。胎土白，口沿及腹部均有两道弦纹，外罩白釉，釉色发黄，壁内挂釉不匀，壁外釉不及底，壁内可见拉坯痕，壁外接近底部可见跳刀痕。胎体及釉层均可见铁褐色斑点，为胎釉成分中析出的铁元素。

白釉弦纹樽式炉花盆残件

考古编号：S1E4T0801 ② ：5-1
南宋
绍兴宋六陵二号陵园遗址出土
底径 7 厘米

此为花盆底部，白釉泛青，三足露胎。小平底，中部镂空，有一圆形孔洞。三足为简化兽蹄足。

白釉弦纹樽式炉花盆（修复）

考古编号：二号陵园 S1E3T0909
南宋
绍兴宋六陵二号陵园遗址出土
口径 18 厘米，高 17.3 厘米，底部洞 3 厘米

平沿内折，直筒腹，底部弧度内收。平圜底，其下
三个简化兽蹄足，三足落地。胎色白中偏黄，外罩白釉，
釉不及底。器壁外口沿之下、腹部、底部均装饰两道弦纹，
凹凸感较强。整件花盆的盆身比例较高。

青白瓷

　　宋六陵遗址发现之青白瓷标本数量较少，均为典型的景德镇湖田窑产品，主要为碗类，属于日常生活用具；但品质较好，修坯精细，坯体轻薄。

仅剩三分之一残件。直口，斜弧腹，矮圈足。胎体轻薄，胎色白，施青白釉，釉水清亮。口部为芒口，足部有积釉，釉色泛蓝，底部无釉。内壁靠近碗底可见篦划纹饰。

所谓芒口是因瓷器在烧制过程中采用覆烧法所致。覆烧就是使用多个垫圈将多件器皿隔开，并将碗、盘等反扣着装到一件匣钵之中焙烧，匣钵中可同时烧制多件瓷器。这种烧制方法需要把器皿口沿附近一圈所上的釉料提前刮掉，因此烧制出来的瓷器口部没有釉，会露出瓷器本身的胎骨。这种装烧方式最先在北宋时期的定窑出现。"芒口"被视为瓷器中的缺点，叶寘《坦斋笔衡》中有"本朝以定州白磁有芒不堪用"之说。但这种装烧方式可以提高产量，降低成本，所以得到普遍的推广。景德镇湖田窑就曾大规模生产芒口瓷。[1]

景德镇窑青白瓷碗残件

考古编号：2022 宋六陵二号陵园 M4 填土内
南宋
绍兴宋六陵 2 号陵园遗址出土

---

1 邓禾颖、方忆：《南宋陶瓷史》，上海古籍出版社，2013 年，第 140 页。

景德镇窑青白瓷碗（修复）

考古编号：S2E3T0609K1：2

南宋

绍兴宋六陵二号陵园遗址出土

口径 11.5 厘米，足径 3.5 厘米，高 4 厘米

敞口，深弧腹，小圈足。足墙修整精细，较薄，挖足浅。胎白细腻轻薄，通体施青白色釉，釉水清亮。口沿芒口，底部施釉，有垫烧痕。

黑釉瓷

目前宋六陵遗址发现的黑釉瓷极为稀少。

黑釉盏（修复）

考古编号：S2E3T0710：1
南宋—元
绍兴宋六陵二号陵园遗址出土
口径 11.5 厘米，足径 3.5 厘米，高 5 厘米

　　敛口，内壁口沿之下有一道弦纹，弧腹。饼状圈足，内凹底，挖足浅。胎色灰中泛红，外壁可见拉坯痕迹，施黑釉，外壁釉不及底。口沿及局部釉色呈现红褐色。

　　此件黑釉盏在造型上模仿了同一时期流行的黑釉建盏。此类黑釉盏在南宋的福建、江西、浙江、四川、重庆等南方窑口均有生产，甚至延续到元代福建、浙江地区的部分窑口也有生产[1]。可窥探当时的饮茶习俗与社会风尚。

1　邓禾颖、方忆：《南宋陶瓷史》，第二章相关章节，上海古籍出版社，2013 年。

彩绘瓷

目前为止，宋六陵遗址仅发现有一件吉州窑瓷器，即褐彩白花莲花纹梅瓶。吉州窑釉色丰富，装饰工艺多样。最具代表性的是釉下彩绘和黑釉瓷中的木叶纹、剪纸贴花等独具个性的产品。

吉州窑创烧于唐代，经五代、北宋，于南宋达到鼎盛，元代后期逐渐走向衰退，但其彩绘技法及纹样对之后元青花瓷的发展产生了很大影响。

吉州窑褐彩白花莲花纹梅瓶残件

考古编号：
S1E3T0909 ② : 11
S1E3T0909 ① : 12
南宋
绍兴宋六陵 2 号陵园遗址出土
底径 10 厘米

南宋吉州窑褐彩白花莲花纹梅瓶
安徽博物院藏

　　碎成多片，其中比较完整的为一段腹部和底部。椭圆形腹，卧足。黄白色胎，内壁有明显拉坯痕迹。外壁彩绘褐彩白花，为莲花、荷叶及莲蓬果组成的图案。足底有一道白釉弦纹。

　　此件梅瓶装饰工艺属于釉下彩绘。吉州窑的彩绘工艺及构图深受北方磁州窑白底黑花瓷的影响，两者的共同点是都以铁元素为着色剂来彩绘。但吉州窑瓷器由于胎体白，一般不施化妆土，而是直接在坯体上用铁质彩料绘画，然后再罩一层薄透明釉，烧成后彩绘多呈黑褐色、褐色或红褐色。此件梅瓶的绘画步骤为褐地留白，即先以褐彩打底，留出白色的花纹部位，然后在留白处再以铁质彩料勾勒花茎、叶脉。这件吉州窑作品代表了这一时期吉州窑彩绘瓷制作的最高水平。

　　安徽博物院藏有一件 1955 年安徽巢县出土的南宋吉州窑褐彩白花莲花纹梅瓶，高 29 厘米、口径 6.2 厘米、足径 9.6 厘米。[1]其造型可与此件标本比对。

1　王丹丹：《安徽馆藏吉州窑瓷器赏析》，《文物鉴定与鉴赏》，2013 年第 8 期。

石刻砖铭上的故事

　　宋六陵跌宕起伏的故事，还掩藏于许多珍贵的砖石碑铭之中。如南宋淳熙元年（1174）冯邦正墓志、明代"九功寺塔"铭文砖等。尤其是冯邦正墓志，信息丰富，材料详实，为我们研究南宋皇陵的管理制度提供了珍贵的史料。"九功寺塔"铭文砖，则反映了在宋六陵遭盗毁之后，其地被不断改造、利用的历史。

守护陵园

在与南宋皇陵密切相关的文物中，一套石墓志显得尤为特别。志石高 80 厘米，宽 78 厘米，双面刻字，一面仿志盖款式，刻"宋故路钤刺史冯公墓铭"。另一面刻志文，共 37 行，满行 44 字，全文如下：

宋故武功大夫高州刺史冯公墓志铭

公讳邦正，字端臣，世居开封。曾大父保润，赠右武卫将军。祖章，赠右卫将军。父觌，仕至亲卫大夫、和州防御使，荣德县开国男，食邑三百户，累赠庆远军节度使。

公挺特有节概，外勇果而内忠厚。节度公任武翼大夫日，遇郊禋，补承节郎。岁在绍兴己未之春，以忠翊郎从枢密王伦使北虏，冒冲万里，特转秉义郎。越明年，东京节制军马司刘錡辟公至幕下。顺昌之役，虏兵大至，震动内外。錡以精神折冲，用少击众，虏势大溃，公实与有谋焉。未几，虏部落乐也孛堇凑太康、围镇，亟为应援，公从统制雷仲悉力鏖战，败之，以功转修武郎。刘公改宣抚淮北，公复就辟，又与虏战于柘皋，又败之，以功转敦武郎。公料敌必中，迎敌必克，帅益奇之，而公不自侈其能。自朝廷罢兵之后，绝口不言前功，亦不希世以求用。然犹九转至武功大夫、兵钤，因任至于六七，人以为无心而至焉。

先节度公曩在河阳，尝主宫陵，南渡之后，以其熟知典故，会稽攒陵复命守之。上居潜邸时，每亲洒宸翰，宠赐节度公，至今十袭宝藏，光耀巾笥。上以公为近臣贤嗣，故俾公世其职。公凡临政不苟，勤恪有成规。自领攒陵事，夙夜究心，劳效甚着。尝内见，乃以攒陵利便条奏，皆以次施行。旧例，陵域禁内林木，每春往往抑配乡民补种，官偿其直。然株本多取于他处，与土不相附着，不能荣，遂易种，或至再三，几有数倍之费，民甚苦之。公乃创为养种园，广取株本，植于其中，遇春分补种，悉取于是园，遂绝扰民之患。又宫陵常额外，尤有浮费，岁不下数百缗，皆以己俸助之。方中使衔命案察，乡老遮道，列状举留。自是两宫益加眷遇，籍姓名于御屏。乾道七祀，纶言以为"汉制，服勤园陵，岁中称灌谒者，满岁称给事，谓其有灌柏之劳也。尔护视昭慈、永祐陵"，"役事更十暑寒，不替厥初，其劳视灌柏远甚"，"课其日月，又不止满岁也"，遂授公以高州刺史，宠至渥也。公以职事疲耗，至于健忘，寝成衰弱，力丐休致，不允。淳熙改元正月五日，竟以疾终，享年六十有二，以其年四月辛酉日与前室周氏合葬于山阴县承务乡九里之原，祔节使公之兆也。

公天资恬静，不事华饰，自幼聪敏，手不释卷。尝以"忠孝"二字榜于堂，每取史传忠孝卓冠者，命子弟读之，使知所取法。母夫人周氏病笃，药必亲尝，衣不解带者弥旬，居丧毁瘠骨立，几至委顿。上即位之年，公任浙东兵马钤辖，专主宫陵，朝廷继差舍人陈仲通为代。隆兴二年正月，公将终满，蒙恩使再任，陈当上而遽却。公以其久须次，辄请于朝，愿先陈后己，从之。时论谓推逊尚义，有以柳易播之风。顷当凶岁，饥民或以子女委地，公见必育之，至今有一二存于家，皆成人矣。尝有妇人请鬻身于公，公诘之再三，云非得已也，欲与夫偿负金尔，公恻然怜之，予金而听其自便。又于节度公茔侧买山而广之，使无归者葬焉。盖公自三十岁以后，多茹素戒杀，轻财乐施，日饭僧持经，遇禽鱼之属，不计资，买而放之，可谓宽厚长者矣。观公胆气，冒锋镝，出万死，与敌人争一旦之命而不少慑，诚为勇悍。然人之勇者，多邻于忍，今公柔和恻隐，惟恐一物失所，岂所谓刚毅近仁者欤？公为诗多平易，有自然态，喜观渊明、子美诗。甲第在城之西，亭馆幽逸，手植花竹，与宾朋游宴，尽欢竟日。有堂曰"悠然"，盖取采菊东篱之意，晚年登览寄傲，有归休之兴。疾未革，乃书遗言，令析家赀以授其子，以至戒山林之斫伐，定奴婢之嫁遣，纤悉皆预计，使后人一遵成检，皆公之明了也。

先娶周氏，徽猷因之孙女，次宋氏，殿撰辉之女，并封安人，皆先公而逝。晚娶李氏，见抚诸孤，亦既受封命。三子：长说，成忠郎，见任昭慈圣献皇后攒宫内外巡检，孝友，修儒业，诗笔有奇句。次訢，成忠郎；季谨，保义郎，皆未仕。二女：一蚤卒，一适进士徐偲。

路钤刺史冯公，乃国学进士沈肇之母弟也，实为舅甥间。肇不见舅氏，于心尤有戚焉。诸孤请铭于予，义不得辞，泣而铭曰：

勇排万夫，气之锐也。仁以及物，性之粹也。忠于王事，孝之致也。胡啬其年，弗究位也。茫茫江流，公之逝也。惨惨松阿，公之隧也。士夫流涕，悼善类也。有子嗣之，天之意也。

陈师中刻。[1]

据志文，冯邦正为两浙东路兵马钤辖，其父冯规在北宋时就掌管永安诸皇陵日常事

1　录文点校，据绍兴档案局、会稽金石博物馆编：《宋代墓志》，西泠印社出版社，2018年，第66—67页。

《宋故路钤刺史冯公墓铭》拓本（会稽金石博物馆提供，金立标拓制）

务，建炎南渡后，又因熟悉旧制，继续受命守护昭慈皇后攒宫。冯邦正本人于绍兴九年（1139）以忠翊郎的身份随王伦出使金国议和。南返后，追随刘錡先后参与了两次重要的抗金战役——绍兴十年（1140）的顺昌之战和绍兴十一年（1141）的柘皋之战，至绍兴十二年（1142）和议完成后，才离开前线。孝宗在绍兴三十二年（1162）接受高宗内禅，冯邦正接掌攒宫司守卫又在孝宗继位之后，"上（孝宗）以公（冯邦正）为近臣贤嗣，故俾公世其职"。当时宝山陵区已建有昭慈、永祐、显肃、显仁、懿节五座帝后攒宫，总称为永祐陵攒宫。冯邦正十年任内，主要负责永祐陵攒宫司的守卫与日常维护。

至孝宗乾道六年（1170）"十二月十五日，诏：两浙东路兵马钤辖、专一管干昭慈、永祐陵攒宫修造冯邦正，前后五任修奉攒宫，委有劳绩，可特与转遥郡刺史"[1]，即志文所载"役事更十暑寒……课其日月，又不止满岁也，遂授公以高州刺史"。至冯邦正去世时，其三子中，"长说，成忠郎，见任昭慈圣献皇后欑宫内外巡检"，仍是子承父业。

志文中提到的攒宫司，职能通称为"修奉宫陵"，具体的人员架构，在初建昭慈太后攒宫时，即"置都监、巡检各一员，卫卒百人。生日忌辰、旦望节序，排办如天章阁仪"[2]。可见，攒宫司官兵既充当陵园守卫，又承担祭祀仪仗的任务。这些人员均居住在所属陵园的下宫附近。如绍熙五年（1194）十二月"十三日，诏两浙转运司、绍兴府创盖（永阜陵）攒宫都监、巡检廨舍并吏舍军营等，并依永思陵攒宫体例施行。已而本府得其地在永思陵巡检廨舍之北，因命建焉"[3]。

同时由于事烦位卑，为防任事者迁转过速而缺乏稳定性，攒宫司相关人员大致实行了"世职"。淳熙十五年（1188），为守护永思陵"（十二月）三十日，检察宫陵所言：乞于行在步军司差拨禁军一百人，部辖人员、节级在内，赴攒宫上下周围摆铺防守巡警……及日后有逃亡事故名阙，并依照永祐陵欑宫已得施行"[4]。

至嘉泰间，绍兴府内驻防禁军兵额中，便包括有"防守步军司指挥营，在攒宫禁围外。绍兴二年以后置。永祐陵二百五十五人，永思陵八十五人，永阜陵八十五人，永崇陵七十八人"[5]。其中，因当时的永祐陵攒宫司同时管理徽宗永祐陵及昭慈、显肃、显仁、宪节四皇后攒宫，所以永祐陵名下守卫人员三倍于高宗永思以下诸陵。

1　（清）徐松辑，刘琳等点校：《宋会要辑稿》礼三七，"缘陵裁制"·下，上海古籍出版社，2014年，第1582页。

2　（元）脱脱等：《宋史》卷一百二十三，点校本二十四史，中华书局，1977年，第2875页。

3　（清）徐松辑，刘琳等点校：《宋会要辑稿》礼三十，上海古籍出版社，2014年，第1388页。

4　（清）徐松辑，刘琳等点校：《宋会要辑稿》礼三七，"帝陵·高宗永思陵"，上海古籍出版社，2014年，第1569页。

5　（宋）施宿等编：《嘉泰会稽志》卷四·军营，《宋元浙江方志集成》第4册，杭州出版社，2009年，第1706页。

古寺遗响

　　绍兴宋六陵从1131年开始营建，至1274年永绍陵建成止，历时144年。南宋灭亡后，元代西僧杨琏真伽等盗墓割棺，劫取宝物。明清两代对宋六陵多有修复，并对遗留建筑有所利用。

　　"九功寺塔"铭文砖出土数量较多，完整的砖一般尺寸为长35厘米、宽16厘米、厚6厘米，正面模印五层楼阁式塔图案及募捐建塔者铭文，并刻有"戊申"纪年。明代戊申年有五，分别为：洪武元年（1368）、宣德三年（1428）、弘治元年（1488）、嘉靖二十七年（1548）、万历三十六年（1608）。根据记载，洪武三年（1370），明太祖朱元璋曾下诏寻访历代帝王陵寝。之后，宋六陵在明代当有过大规模重建，其重建时间应在1370年之后，但具体时间目前尚无法考证。此类铭文砖便是明代修葺及利用的证据之一。"九功寺"在现存史料中并无记载，目前具体遗址位置也尚未找到。

"九功寺塔"铭文砖残件

考古编号：S1E4T0801 ② :10
明
绍兴宋六陵二号陵园遗址出土
残长21厘米，宽16厘米，厚6厘米

铭文：九功寺干造塔……佛子……

"九功寺塔"铭文砖及拓本

考古编号：S1E3T0910 北隔梁②：1
明

出土地点：宋六陵二号陵园遗址

长 35 厘米，宽 16 厘米，厚 6 厘米

铭文：九功寺干造塔僧守和谨募
佛子　　　　甀戊申岁记

"九功寺塔"铭文砖残件

考古编号：S1E3T0909 ① : 1
明
绍兴宋六陵二号陵园遗址出土
残长 34 厘米，宽 16 厘米，厚 6 厘米

铭文：□□寺干造塔僧守和谨募
　　　□□　　　甋戊申岁记

"九功寺塔"铭文砖残件

铭文：……造塔僧守和谨慕
　　　□□戊□岁记

考古编号：S1E3T0908①:1
明
绍兴宋六陵二号陵园遗址出土
残长34厘米，宽16厘米，厚6厘米

"九功寺塔"铭文砖残件

考古编号：S1E3T1009②:2

明

绍兴宋六陵二号陵园遗址出土

宽16厘米，厚6厘米

铭文：九功寺□造塔⋯⋯
佛子□□舍此⋯⋯

砖作蝉形器

考古编号：2020 宋六陵二号陵园 M4 内 :3
绍兴宋六陵宝山 M2 出土
长 30 厘米，宽 24.5 厘米

发现于宋六陵二号陵园的后期墓葬中，器表有两个方形卯孔，具体功能不详。

参考文献

一、历史文献

1. （唐）杜佑：《通典》，中华书局，1988 年。

2. （宋）王洙等编撰，（金）毕履道、张谦校：《图解校正地理新书》（金明昌钞本），集文书局，2003 年。

3. （宋）李诚：《营造法式》，中国建筑工业出版社 2006 年影印。

4. （宋）徐梦莘：《三朝北盟会编》，上海古籍出版社，2019 年。

5. （宋）赵彦卫：《云麓漫钞》，中华书局，1996 年。

6. （宋）周必大撰，王瑞来校证：《周必大集校证》，上海古籍出版社，2020 年。

7. （宋）魏了翁：《鹤山先生大全文集》，四部丛刊集部，商务印书馆上海涵芬楼影印。

8. （宋）施宿等编：《嘉泰会稽志》，《宋元浙江方志集成》第 4 册，杭州出版社，2009 年。

9. （宋）周密：《癸辛杂识》，中华书局，1997 年。

10. （元）陶宗仪：《南村辍耕录》，元明史料笔记，中华书局，2004 年。

11. （元）脱脱等：《宋史》，点校本二十四史，中华书局，1977 年。

12. （元）脱脱等：《金史》，点校本二十四史修订本，中华书局，2020 年。

13. （清）徐松辑，刘琳等点校：《宋会要辑稿》，上海古籍出版社，2014 年。

14. （清）徐松辑：《中兴礼书》，《续修四库全书》，上海古籍出版社，2002 年。

二、简报与论著

1. 徐邦达：《〈宋人画人物故事〉应即〈迎銮图〉考》，《文物》，1972 年第 8 期。

2. 何忠礼、俞观涛：《南宋六陵考略》，《杭州大学学报》，1985 年第 2 期。

3. 梁思成：《梁思成全集》，中国建筑工业出版社，2001 年。

4. 王友忠：《浙江青田县前路街元代窖藏》，《考古》，2001 年第 5 期。

5. 刘毅：《南宋绍兴攒宫位次研究》，《考古与文物》，2008 年第 4 期。

6. 郑嘉励：《南宋六陵诸攒宫方位的复原意见》，《考古与文物》，2008 年第 4 期。

7. 孟凡人：《南宋帝陵攒宫的形制布局》，《故宫博物院院刊》，2009 年第 6 期。

8. 周燕儿：《绍兴宋六陵出土的明敕葬宋理宗顶骨碑考略》，《东方博物》第三十三辑，浙江大学出版社，2009 年。

9. 葛国庆：《若耶集——越文化与宋六陵述论》，北京艺术与科学电子出版社，2013 年。

10. 邓禾颖、方忆：《南宋陶瓷史》，上海古籍出版社，2013 年。

11. 王丹丹：《安徽馆藏吉州窑瓷器赏析》，《文物鉴定与鉴赏》，2013 年第 8 期。

12. 冯泽洲：《龙泉窑分期研究——以纪年瓷为中心》，复旦大学硕士论文，2014 年。

13. 郭黛姮：《南宋建筑史》，上海古籍出版社，2018 年。

14. 刘未：《宋代皇陵布局与五音姓利说》，《浙江大学艺术与考古研究》第三辑，浙江大学出版社，2018 年。

15. 绍兴市政协文化文史和学习委员会编：《宋六陵古今》，中国文史出版社，2020 年。

16. 浙江省文物考古研究所、绍兴市文物考古研究所：《浙江绍兴宋六陵陵园遗址 2018 年考古发掘简报》，《考古与文物》，2021 年第 1 期。

17. 李松阳、马力、徐怡涛、李晖达：《宋六陵一号陵园遗址建筑复原研究》，《考古与文物》，2021 年第 1 期。

18. 郑嘉励：《从中原到江南：解密南宋六陵》，包伟民等：《在田野看见宋朝》，浙江古籍出版社，2022 年。

19. 郑嘉励：《南宋墓葬研究》，浙江人民出版社，2022 年。

20. 李晖达：《五音姓利、攒宫与南宋帝陵》，包伟民等：《在田野看见宋朝》，浙江古籍出版社，2022 年。

21. 李晖达：《两宋陵寝制度的传承与变革》，《南雍问道：南京大学考古专业成立 50 周年纪念文集》，科学出版社，2022 年。

三、图录

1. 绍兴县文化发展中心、越国文化博物馆编：《宋六陵遗物萃编》，西泠印社出版社，2011 年。

2. 杭州南宋官窑博物馆编：《蜀地遗珍：四川遂宁金鱼村南宋窖藏瓷器精品展》，中国国际出版社，2013 年。

3. 浙江省文物考古研究所、北京大学考古文博学院、龙泉青瓷博物馆编著：《龙泉大窑枫洞岩窑址》（上、下），文物出版社，2015 年。

4. 浙江省博物馆编：《青色流年：全国出土浙江纪年瓷图集》，文物出版社，2017 年。

5. 宋子军主编：《松阳博物馆馆藏精品图录》，西泠印社出版社，2018年。

6. 浙江省博物馆、浙江省文物考古研究所、湖州市文物保护管理所编：《最忆是江南：湖州凡石桥遗址出土文物》，文物出版社，2020年。

7. 故宫博物院、浙江省博物馆、丽水市人民政府编：《天下龙泉：龙泉青瓷与全球化国际学术研讨会论文集》，文物出版社，2021年。

8. 浙江省文物考古研究所、杭州西湖博物馆总馆、北京大学考古文博学院：《他是谁——探秘兰若寺大墓》，浙江人民美术出版社，2022年。

后 记

　　2022 年 7 月 15 日，经过 8 个多月的策划和准备，"国音承祚——宋六陵考古成果展"在杭州凤凰山脚下杭州西湖博物馆总馆（南宋官窑馆区）正式跟观众见面。这是对 2012—2022 年十年工作的一次小结，就宋六陵的整体研究来说，算是一个好的开始。

　　十年间，我们不停地工作，也在不断地学习、进步。如今谈南宋帝后陵寝，不再只是捧着《癸辛杂识》《南村辍耕录》听古人不厌其烦地讲述恶僧毁陵和冬青埋骨的悲伤往事。并不算开阔的六陵遗址区，为我们打开了广阔的历史图景。南与北的制度传承，宋代建筑的布局结构，连通皇城与皇陵的浙东河网运输体系，四方荟萃的宫廷用瓷，各类群体的参与和生活状态……抛开陈年的故事，考古工作为我们带来了更为丰富而真实的南宋历史。

　　在宋六陵的山水之间，考古工作团队也逐渐由小变大，从小范围的调查到大空间的勘探、发掘、测绘、数字建模，等等，参与的人员有一闪而过者，也有长年不懈的坚持者，在未来大概还会有更多不同学科的研究者参与其中。一个开放的环境，必能让宋陵的考古与研究日益深入而精彩。

　　此次浙江省文物考古研究所与杭州西湖博物馆总馆通力合作，将考古工作成果以展览的方式呈现，是一次有益的尝试。双方一起编写展陈大纲、挑选文物标本、筹划拍摄展览视频、组织专题讲座，对宋六陵的历史与考古进程进行了详细的梳理，既是合作，也是共同的学习。

　　宋六陵的考古工作仍在继续，还有许多被掩埋的真相等待我们去发现，还有更多的问题等待解决，我们当继续努力。

　　最后，感谢十年来所有关心及参与宋六陵考古工作的人们！

国音承祚：宋六陵考古成果展

组织框架

指导单位	中共浙江省委宣传部
	浙江省文化和旅游厅
主办单位	浙江省文物局
协办单位	杭州市园林文物局
	杭州西湖风景名胜区管委会
	绍兴市文化广电旅游局（绍兴市文物局）
承办单位	浙江省文物考古研究所
	杭州西湖博物馆总馆

展览实施

展览策划	李晖达　方　忆　张必萱　周舒宁
展览协力	王轶凌　孙卫宁　陈　杰　郭丽云
	杨金萍　倪灵玲
形式设计	廖婷婷　郑　箫　沈　卓
文物修复	陈利平　魏　杭　马嘉讯
摄　　影	林　城
器物绘图	陈利平　邓瑞英　李吉胜
扉页图案拓制	金立标

图书在版编目（CIP）数据

国音承祚 ：宋六陵考古成果 / 浙江省文物考古研究
所，杭州西湖博物馆总馆编著. -- 杭州 ：浙江大学出版
社，2023.5
　　ISBN 978-7-308-23766-6

　　Ⅰ．①国… Ⅱ．①浙… ②杭… Ⅲ．①宋墓－考古发
现－绍兴－图集 Ⅳ．①K878.82

中国国家版本馆CIP数据核字(2023)第083747号

本项目获宋韵文化传世工程 2022 年度重点项目经费资助

国音承祚：宋六陵考古成果
Guoyin Chengzuo: Songliuling Kaogu Chengguo

李晖达　方　忆　主编
浙江省文物考古研究所　杭州西湖博物馆总馆　编著

责任编辑	徐凯凯　范洪法
责任校对	蔡　帆
装帧设计	项梦怡
出版发行	浙江大学出版社
	（杭州市天目山路148号　　邮政编码　310007）
	（网址：http://www.zjupress.com）
印　　刷	浙江海虹彩色印务有限公司
开　　本	889mm×1194mm　1/16
印　　张	14.75
字　　数	198千
版 印 次	2023年5月第1版　2023年5月第1次印刷
书　　号	ISBN 978-7-308-23766-6
定　　价	268.00元

浙江大学出版社市场运营中心联系方式：0571-88925591；http://zjdxcbs.tmall.com